Sandra Noa

Wasser
in der Grundschule

Materialien für den Unterricht
Hase und Igel®

© 2008 Hase und Igel Verlag, München
www.hase-und-igel.de
Lektorat: Kristina Oerke
Satz: Margit Kratzl
Illustrationen: Fides Friedeberg
Druck: Joh. Walch GmbH & Co. KG, Augsburg

ISBN 978-3-86760-834-3
6. Auflage 2024

Vorwort

Ohne Wasser gäbe es auf der Erde kein Leben – Tiere, Pflanzen und Menschen hängen gleichermaßen von dem flüssigen Element ab. Zu 71 % ist unser „blauer Planet" mit Wasser bedeckt. Allerdings macht das trinkbare Süßwasser gerade einmal 3 % davon aus. Wasser ist kostbar!

Für Kinder gehört es zum Alltag: Es kommt aus dem Wasserhahn, fällt als Regen oder Schnee vom Himmel und eignet sich zum Schwimmen und Eislaufen gleichermaßen. Hier knüpft diese Materialsammlung an: In Experimenten, kurzen Sachtexten und sprachlichen Übungen werden die alltäglichen Beobachtungen der Kinder einbezogen, hinterfragt und erklärt. Die Schüler lernen dabei auch, sich selbst als Teil der Umwelt wahrzunehmen und Verantwortung zu übernehmen. Ziel ist es, auf lange Sicht ein ökologisches Bewusstsein zu wecken und zu fördern.

Die Inhalte des Materials sind auf die Lehrplanthemen der ersten bis vierten Klasse abgestimmt und decken wichtige Erfahrungsbereiche ab: Wahrnehmungsübungen, Lernen an Modellen, Vertiefung von Kenntnissen im Deutsch- und Sachunterricht sowie kreativer Umgang mit Farben und Klängen.

Die sieben Kapitel in diesem Band sind unabhängig voneinander einsetzbar. Jedes Kapitel gliedert sich in zwei Teile: Im Lehrerteil bekommen Sie Tipps zum Einsatz der Kopiervorlagen (KV), Lösungen, Anregungen zur Unterrichtsgestaltung und zusätzliche Informationen zu einzelnen Sachthemen in grau unterlegten Kästen. Die Kopiervorlagen sind für die Hand der Schüler gedacht und sind in der Regel ohne Aufwand einsetzbar.

- Mit den Wortspielen und sprachlichen Übungen des ersten Kapitels werden die Schüler an das Thema Wasser herangeführt. Ausgangspunkt sind die Alltagserfahrungen der Kinder.

- Ganz und gar nicht trocken ist das zweite Kapitel. In Experimenten und Spielen rund ums Wasser erforschen die Schüler die Eigenschaften des Elements. Dabei steht das Erleben im Vordergrund.

- Den Wasserkreislauf erforschen die Schüler im dritten Kapitel. Neben Experimenten und Geschichten, die die einzelnen Prozesse des Kreislaufs veranschaulichen, wird auch der eigene Umgang mit Wasser kritisch hinterfragt.

- Graureiher, Bachforelle und Co – im vierten Kapitel geht es um das Leben im und am Wasser. Die Schüler lernen Tiere und Pflanzen kennen, die sich an die verschiedenen Lebensräume angepasst haben. Sie begreifen die vielfältigen Vernetzungen in einem Ökosystem und reflektieren, wie sie zu dessen Schutz beitragen können.

- Das fünfte Kapitel beschäftigt sich mit der Verschmutzung und Reinigung von Wasser. Die Schüler vollziehen die einzelnen Prozesse im Wasser- und Klärwerk nach und werden zu einem bewussteren Umgang mit Trinkwasser angeregt.

- Musikalisch geht es im sechsten Kapitel zu. Die Kinder singen Lieder zum Thema Wasser und erfahren, dass man mit Wasser Musik machen kann.

- Im siebten Kapitel finden Sie Anregungen zum Basteln und Malen rund um das Thema Wasser. Spritzfische aus Moosgummi oder gefaltete Schiffe sind nicht nur dekorativ, sie lockern auch den Unterricht auf.

Ihnen und Ihren Schülern eine aufregende Entdeckungsreise in die Wasserwelt!

Sandra Noa

Inhalt

1. Kapitel: Wasser ist überall

	Jgst.	
Lehrerteil		. . . 6
Kopiervorlagen		
Wasser-Abc	1–4	. . . 9
Wasserwörter finden	1/2	. . . 10
Wasser-Gitter	3/4	. . . 11
Was wir im Wasser tun können	3/4	. . . 12
Ein Leben ohne Wasser?	3/4	. . . 13
Wasser in unserem Körper	1/2	. . . 14
Pack die Badehose ein!	1/2	. . . 15
Der Sprung ins kalte Wasser	3/4	. . . 16

2. Kapitel: Wasser erfahren

	Jgst.	
Lehrerteil		. . . 17
Kopiervorlagen		
Wasser marsch!	1–4	. . . 22
Wasserspeicher	1–4	. . . 23
Wasser am warmen und kalten Ort	1–4	. . . 24
Aus Nass wird Trocken	1–4	. . . 25
Wasser kann sich verwandeln	1–4	. . . 26
Eis selbst machen	1–4	. . . 27
Was schwimmt, was sinkt?	1–4	. . . 28
Wasser ist stark	1–4	. . . 29
Können schwere Gegenstände schwimmen?	1–4	. . . 30
Welches Schiffchen schwimmt am längsten?	1–4	. . . 31
Hat Wasser eine Haut?	1–4	. . . 32
Ene, mene, meck – die Büroklammer ist weg!	1–4	. . . 33
Der flinke Fisch	1–4	. . . 34
Eine Wasserlupe	1–4	. . . 35
Gefährliche Flüssigkeiten!	1–4	. . . 36

3. Kapitel: Der Kreislauf des Wassers

	Jgst.	
Lehrerteil		. . . 37
Kopiervorlagen		
Wasser läuft im Kreis	3/4	. . . 41
Mein eigener kleiner Wasserkreislauf . .	3/4	. . . 42
Lass es regnen!	3/4	. . . 43
Mein Mini-Teich	3/4	. . . 44
Wohin geht das Regenwasser?	3/4	. . . 45
Wo sammelt sich Wasser?	3/4	. . . 46
Die zwei Brunnen	1–4	. . . 47
Wasser braucht Schutz!	3/4	. . . 48
Ein Barometer selbst herstellen	3/4	. . . 49
Das Quiz zum Wasserkreislauf	3/4	. . . 50

4. Kapitel: Leben am und im Wasser

	Jgst.	
Lehrerteil		. . . 51
Kopiervorlagen		
Meer, See und Fluss	3/4	. . . 57
Wasser ist nicht gleich Wasser	3/4	. . . 58
Versteckt – entdeckt!	1/2	. . . 59
Wer bin ich?	3/4	. . . 60
Spuren im Sand	1/2	. . . 62
Lebensraum Teich	3/4	. . . 63
Wovon ernähren sich diese Tiere?	3/4	. . . 64
Von der Kaulquappe zum Frosch (Domino)	1–4	. . . 65
Die Bachforelle – ein Räuber	3/4	. . . 66
Pflanzen im und am Gewässer	3/4	. . . 67
Pflanzen-Memory	1–4	. . . 68
Eine Wasserblume aus Papier	1/2	. . . 69
Auch Pflanzen haben Durst	1–4	. . . 70
Eine Unterwasserlupe bauen	1–4	. . . 71
Wie sauber ist das Wasser?	1–4	. . . 72
Richtiges Verhalten am Wasser	1/2	. . . 73
Kalt erwischt!	1/2	. . . 74
Gibt es mich wirklich?	1–4	. . . 75
Wassertier-Schnipsel	3/4	. . . 76

Inhalt

5. Kapitel: Vom Wasserhahn zur Kläranlage

	Jgst.	
Lehrerteil		... 77

Kopiervorlagen

	Jgst.	
Wasserversorgung gestern und heute	3/4	... 84
Vom Grundwasser zum Trinkwasser	3/4	... 85
Wie steht das Wasser?	3/4	... 86
Eine Luft-Wasser-Pumpe herstellen	3/4	... 87
Ein Leben ohne Wasserhahn	3/4	... 88
Wasser sparen	1/2	... 89
Brauchwasser verwenden	1/2	... 90
Wasserschutzgebiete	1–4	... 91
Der große Wassertest	1–4	... 92
Gesunde und ungesunde Getränke	3/4	... 93
Zu Besuch im Klärwerk	3/4	... 94
Klär-Domino	3/4	... 96
Eine Reise durchs Klärwerk	3/4	... 97
Wasser verschmutzen	1–4	... 98
Wasser reinigen	3/4	... 99
Gewässer schützen	3/4	... 100
Was weißt du übers Wasser?	3/4	... 101

6. Kapitel: Wassermusik

	Jgst.	
Lehrerteil		... 102

Kopiervorlagen

	Jgst.	
Heut ist ein Fest bei den Fröschen am See	1–4	... 104
Jetzt fahrn wir übern See	1–4	... 105
Wenn alle Brünnlein fließen	1–4	... 106
Es klappert die Mühle	1–4	... 107
Was macht der Fuhrmann?	1–4	... 108
Wasser macht Musik	1–4	... 109

7. Kapitel: Wasserkunst und Wasserspiel

	Jgst.	
Lehrerteil		... 110

Kopiervorlagen

	Jgst.	
Die Farbe des Wassers	1–4	... 112
Ein Wasserbild	1–4	... 113
Schiffe aus Papier	1–4	... 114
Kunstwerke aus Salz	1–4	... 116
Wasserspritztier	1–4	... 117
Der verrückte Fisch	1–4	... 119
Geheimschrift mit Wasser	1–4	... 120

1. Kapitel: Wasser ist überall

Vorbemerkung

Ob morgens unter der Dusche, in der Apfelschorle zum Mittagessen oder am Badesee in der Freizeit – Wasser ist aus unserem Leben nicht wegzudenken. In diesem Kapitel wird der Bezug zum Alltag der Schüler hergestellt und ihnen Gelegenheit gegeben, sich dem Phänomen Wasser sprachlich und spielerisch zu nähern und es in seiner Vielfältigkeit zu begreifen.

Die Kopiervorlagen eignen sich besonders als Einstieg in das Thema, können aber auch im Zusammenhang mit anderen Kapiteln eingesetzt werden.

Lehrplanbezug

Deutsch
- Das Abc wiederholen
- Zusammensetzungen aus Nomen finden
- Erproben, wie Tätigkeiten und Vorgänge benannt werden können
- Die Bedeutung von Redewendungen kennen
- Vergangenheitsformen kennen und anwenden

Sachunterricht
- Die Bedeutung des Wassers für den Menschen erfassen
- Ernährungsregeln aufstellen

Sport
- Grundsätzliche Baderegeln erstellen

Zu den Kopiervorlagen

Wasser-Abc

Die Kopiervorlage kann zur Einstimmung auf das Thema Wasser genutzt werden. Die Schüler überlegen sich ein Alphabet mit passenden Begriffen. Hier fließen ihre Erfahrungen und Kenntnisse ein. Da diese Aufgabe viel Zeit in Anspruch nimmt, können Sie sie auch arbeitsteilig in Kleingruppen bearbeiten lassen: Jedes Kind ist dann für einige Buchstaben zuständig. Die schwierigen Buchstaben X und Y tauchen in dem Alphabet nicht auf.

Alternativ suchen die Schüler für bestimmte Buchstaben mehrere Wörter. Ein Wörter-Suchspiel steigert die Motivation der Kinder, möglichst viele Begriffe zu finden. Teilen Sie dazu die Klasse in vier oder fünf Gruppen ein. Jede Gruppe erhält einen Buchstaben, zu dem es viele Wasserwörter gibt, z. B.: T, E, S. Welches Team findet die meisten Begriffe zum Wasser mit dem vorgegebenen Anfangsbuchstaben?

Beispiellösung

Aufgabe 1:
A wie angeln, B wie Boot, C wie Chlor, D wie Dampf, E wie Ente, F wie Fisch, G wie gasförmig, H wie Hagel, I wie Insel, K wie kalt, L wie Liter, M wie Meer, N wie Nebel, O wie Ostsee, P wie planschen, R wie Regen, S wie See, T wie Tau, U wie U-Boot, W wie waschen, Z wie Zitteraal

Wasserwörter finden

Die Kinder finden zusammengesetzte Wörter mit „Wasser-" bzw. „-wasser". Klären Sie im Unterrichtsgespräch, was die abgebildeten Gegenstände mit Wasser zu tun haben, z. B. „Wasserfarbe wird mit Wasser gemischt", „Eine Wasserburg ist von einem Wassergraben umgeben". Dabei erkennen die Kinder, welche vielfältigen Anknüpfungsmöglichkeiten das Thema Wasser bietet.

Im Anschluss an die Kopiervorlage können die Schüler weitere zusammengesetzte Wasserwörter bilden. Diese Wörtersuche lässt sich gut zu einem Wettbewerb erweitern: Welcher Schüler findet die meisten Wasserwörter?

In einer Variante des Spiels „Blinde Kuh" können diese Wörter danach abgefragt werden: Räumen Sie Tische und Stühle beiseite bzw. spielen Sie in der Turnhalle oder auf dem Schulhof, da sonst die Verletzungsgefahr zu groß ist. Dem „blinden Fisch" werden die Augen verbunden und er zählt bis zehn. In dieser Zeit verteilen sich die anderen Schüler im Raum und bilden das Wasser. Mit fortwährenden „Blubb"-Rufen geben sie dem Fänger Orientierungshilfen. Der „blinde Fisch" versucht seine Mitspieler zu berühren. Gelingt es ihm, jemanden zu fangen, nennt der betreffende Spieler ihm ein zusammengesetztes Wasserwort. Fällt ihm

nicht sofort eines ein, wird er zum nächsten „blinden Fisch" und somit der Fänger. Es sollte kein Wasserwort doppelt vorkommen.

Lösung
Aufgabe 1:
Wassermelone, Wasserratte, Wasserball, Wasserrad, Wasserglas, Wasserbett, Wasserski, Wasserburg, Wasserfarbe, Wasserflasche

Aufgabe 2 (Beispiellösung):
Regenwasser, Meerwasser, Leitungswasser

 Wasser-Gitter
In dem Gitterrätsel finden die Kinder unterschiedliche Verben und Adjektive rund um das Thema Wasser. Indem sie sie in die Tabelle eintragen, üben bzw. wiederholen sie die Wortarten Adjektive und Verben. Gleichzeitig erweitern sie ihren Wortschatz und wenden ihn auf der Satzebene an. Leistungsstärkere Kinder suchen weitere Adjektive und Verben und entwerfen ein eigenes Gitterrätsel.

Lösung
Aufgabe 1:

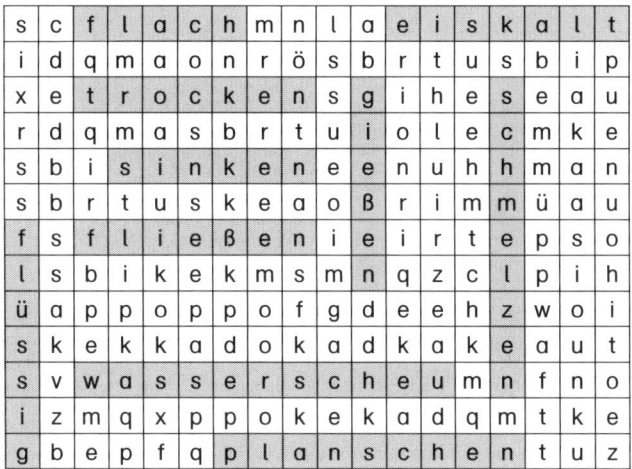

Aufgabe 2:
Verben: sinken, fließen, planschen, gießen, schmelzen
Adjektive: flach, eiskalt, trocken, wasserscheu, flüssig

 Was wir im Wasser tun können
Die erste Aufgabe kann ergänzend zur Kopiervorlage „Wasser-Gitter" auf Seite 11 eingesetzt werden. Hier übersetzen die Schüler eigene Vorstellungen in Sprache. Sie interpretieren die Bilder und benennen die abgebildeten Tätigkeiten mit dem passenden Verb.

Bei der zweiten Aufgabe wiederholen die Schüler die zweite Vergangenheitsform von Verben (das Perfekt) in der ersten Person. Geben Sie gegebenenfalls andere Personalformen zu den verschiedenen Verben vor. Es bietet sich an, die erste Vergangenheitsform der Verben (das Präteritum) mit der Klasse mündlich zu wiederholen. Verdeutlichen Sie, dass die erste Vergangenheitsform häufig in der Schriftsprache eingesetzt wird, die zweite Form hingegen meistens im mündlichen Sprachgebrauch Verwendung findet. Gegebenenfalls können die Kinder in einer der beiden Zeitformen eine kurze Geschichte zum Thema „Ein Ferientag am Meer" schreiben, in der sie möglichst viele Verben unterbringen.

Lösung
Aufgaben 1/2:
schwimmen (ich bin geschwommen)
tauchen (ich bin getaucht)
rudern (ich bin gerudert)
segeln (ich bin gesegelt)
baden (ich habe gebadet)
springen (ich bin gesprungen)
spritzen (ich habe gespritzt)
angeln (ich habe geangelt)
spielen (ich habe gespielt)

 Ein Leben ohne Wasser?
Diese Kopiervorlage kann als Einführung in das Thema verwendet werden. Indem sich die Kinder konkret vorstellen, wie ihr Alltag ohne Wasser aussähe, wird ihnen bewusst, wie lebensnotwendig das flüssige Element ist. Der Notizzettel kann auch im Klassengespräch ergänzt werden. Weisen Sie die Kinder gegebenenfalls darauf hin, dass auch nicht flüssige Lebensmittel Wasser enthalten (siehe KV Seite 14). Als sprachliche Vorübung für das Schreiben der Geschichte eignet sich die Kopiervorlage „Was wir im Wasser tun können" (Seite 12).

 Wasser in unserem Körper
Zunächst stellen die Schüler Vermutungen darüber an, zu wie viel Prozent der menschliche Körper aus Wasser besteht. Dieser Wert variiert im Laufe eines Lebens (ein Säugling zu etwa 70 %, ein alter Mensch zu etwa 50 %). Der folgende kurze Text enthält diese Information und die für das Lösen der folgenden Aufgabe nötigen Angaben. Lesen Sie diesen Text gegebenenfalls zunächst gemeinsam in der Klasse. Anschließend kann jeder Schüler den Text noch einmal lesen und die Lebensmittel, die viel Wasser enthalten, unterstreichen. In einem zweiten Schritt kreisen die Kinder die abgebildeten wasserhaltigen Lebensmittel ein. So erkennen sie, dass nicht

nur Getränke dem Körper die benötigte Menge an Flüssigkeit liefern. Es gibt auch feste Nahrungsmittel, die sehr wasserreich sind.

Darüber hinaus können die Kinder in Gruppenarbeit Plakate erstellen, auf denen weitere wasserreiche und wasserarme Lebensmittel gesammelt werden.

Lösung
Aufgabe 2:
Lebensmittel mit hohem Wassergehalt: Tomate (98 %), Wassermelone (95 %), Salat (95 %), Apfel (84 %), Fisch (80 %), Brot (40 %), Käse (40 %), Salami (38 %)
Lebensmittel mit niedrigem Wassergehalt: Butter (18 %), Knäckebrot (7 %), Nuss (5 %), Schokolade (2 %)

 KV Seite 15 **Pack die Badehose ein!**
Diese Kopiervorlage führt den Schülern vor Augen, was man beim Baden in freier Natur beachten sollte. Dabei reflektieren sie ihr eigenes Verhalten. Steigen Sie mit einem Gespräch über die auf dem Bild dargestellte Situation ein. Die folgende Begründung können die Kinder in Einzelarbeit finden. In Partnerarbeit erörtern sie anschließend die einzelnen Regeln und machen sich die Konsequenzen einer Nichtbeachtung bewusst. Diese Ergebnisse sollten in einem Unterrichtsgespräch zusammengetragen werden. Bei einem Badeausflug an einen nahe gelegenen See oder im Schwimmunterricht können die Regeln eingeübt und wiederholt werden.

Lösung
Aufgabe 2:
☒ Weil sich der Körper langsam an die Temperatur des Wassers gewöhnen soll.

 KV Seite 16 **Der Sprung ins kalte Wasser**
Das Wort „Wasser" ist Bestandteil vieler Redewendungen, die die Schüler eventuell schon gehört haben. Mithilfe dieser Kopiervorlage machen sich die Kinder deren Bedeutung bewusst.

Sammeln Sie zunächst im Klassengespräch Sprüche oder Redewendungen, in denen das Wort „Wasser" vorkommt. Leistungsstärkere Schüler können zu ausgewählten Redewendungen passende Bilder malen, die dann in einem Ratespiel verwendet werden.

Klären Sie in einem sich anschließenden Unterrichtsgespräch, wie es zu der übertragenen Bedeutung der Redewendungen gekommen ist. Bei einigen Redewendungen sind dafür Hintergrundinformationen über den Entstehungskontext notwendig:
- Die Redewendung „mit allen Wassern gewaschen sein" kommt ursprünglich aus der Seemannssprache: Ein Seemann, der schon über alle Weltmeere gefahren ist, verfügt über Mut und Erfahrung.
- Die Redewendung „jemandem nicht das Wasser reichen können" ist im Mittelalter entstanden. Damals mussten die Diener den Gästen nach dem Essen das Wasser zum Händewaschen reichen und sich dabei tief verneigen. Wer nicht einmal diese Aufgabe übernehmen durfte, stand in der Rangfolge sehr weit unten.

Lösung

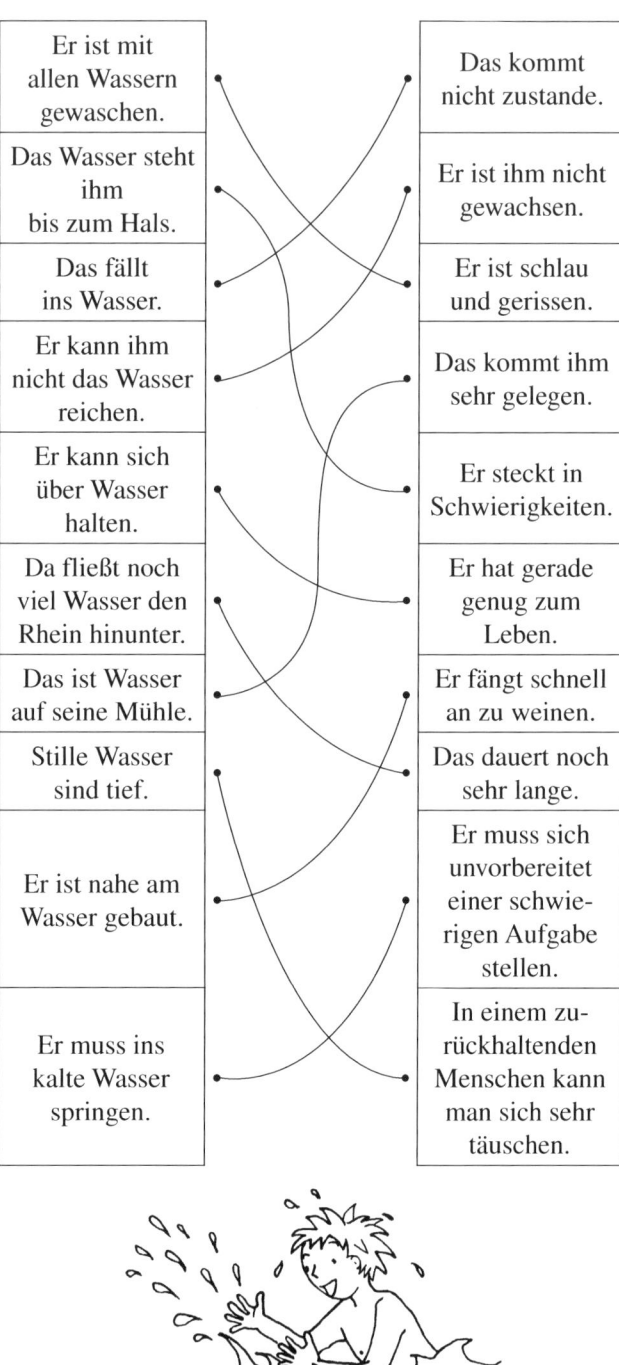

Name:

Wasser-Abc

💧 **Finde zu jedem Buchstaben des Alphabets ein Wort, das zum Wasser passt.**

A	
B	
C	
D	
E	
F	
G	
H	
I	
J	Jacht (Boot)
K	
L	

M	
N	
O	
P	
Q	Qualle
R	
S	
T	
U	
V	verwaschen
W	
Z	

💧 **Male zu drei Wörtern ein kleines Bild.**

Name:

Wasserwörter finden

💧 **Finde zusammengesetzte Nomen zu den Gegenständen im Teich und schreibe sie auf.**

Wassermelone

💧 **Finde drei Wörter, bei denen Wasser am Ende steht. Male und schreibe.**

_____ wasser   _____ wasser   _____ wasser

Name:

Wasser-Gitter

💧 **Finde in diesem Gitterrätsel zehn Wörter zum Thema Wasser. Kreise sie ein.**

s	c	f	l	a	c	h	m	n	l	a	e	i	s	k	a	l	t
i	d	q	m	a	o	n	r	ö	s	b	r	t	u	s	b	i	p
x	e	t	r	o	c	k	e	n	s	g	i	h	e	s	e	a	u
r	d	q	m	a	s	b	r	t	u	i	o	l	e	c	m	k	e
s	b	i	s	i	n	k	e	n	e	e	n	u	h	h	m	a	n
s	b	r	t	u	s	k	e	a	o	ß	r	i	m	m	ü	a	u
f	s	f	l	i	e	ß	e	n	i	e	i	r	t	e	p	s	o
l	s	b	i	k	e	k	m	s	m	n	q	z	c	l	p	i	h
ü	a	p	p	o	p	p	o	f	g	d	e	e	h	z	w	o	i
s	k	e	k	k	a	d	o	k	a	d	k	a	k	e	a	u	t
s	v	w	a	s	s	e	r	s	c	h	e	u	m	n	f	n	o
i	z	m	q	x	p	p	o	k	e	k	a	d	q	m	t	k	e
g	b	e	p	f	q	p	l	a	n	s	c	h	e	n	t	u	z

  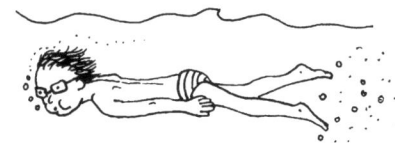

💧 **Sortiere die zehn Wörter nach Verben und Adjektiven. Trage sie in die Tabelle ein.**

Verben	Adjektive

💧 **Bilde mit den Wörtern Sätze. Schreibe sie in dein Heft.**

Name:

Was wir im Wasser tun können

💧 Finde die passenden Verben und schreibe sie in der Grundform unter die Bilder.

💧 Schreibe die Verben auch in der zweiten Vergangenheitsform auf.

   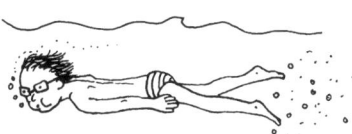   

schwimmen

ich bin geschwommen

Name:

Ein Leben ohne Wasser?

💧 **Suche dir einen Partner. Überlegt gemeinsam, wo euch im Laufe eines Tages Wasser begegnet bzw. was ihr mit Wasser zu tun habt. Schreibt Stichpunkte auf den Notizzettel.**

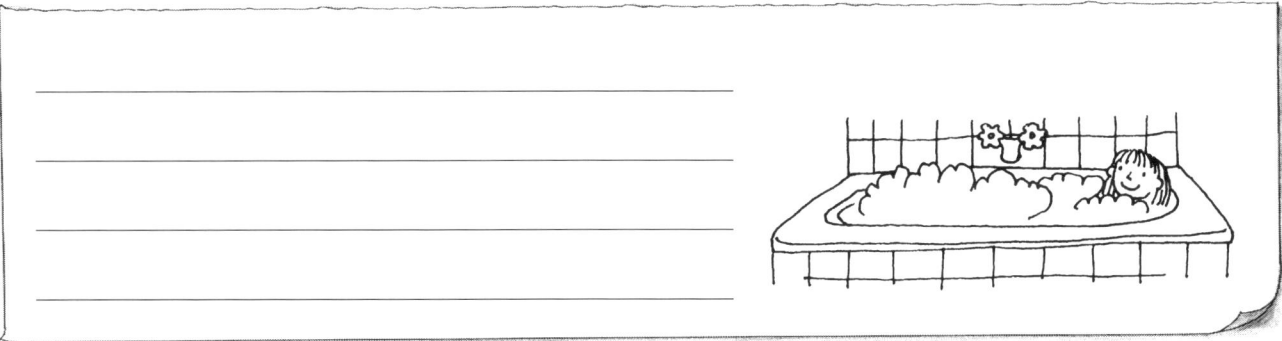

💧 **Wie würde wohl ein Tag ohne Wasser verlaufen? Lies den Anfang der Geschichte. Schreibe sie weiter. Verwende die Wörter von deinem Notizzettel.**

Gestern Nacht hatte ich einen ganz merkwürdigen Traum: Als ich aufwachte, schien die Sonne. Ich ging ins Bad und stellte mich unter die Dusche. Ich drehte das Wasser voll auf. Doch es kam kein einziger Tropfen. Ich zog mich an und ging in die Küche. Das Frühstück stand schon auf dem Tisch.

Es gab _____

Name:

Wasser in unserem Körper

💧 **Wie viele Liter Wasser stecken wohl in deinem Körper? Male das Bild aus.**

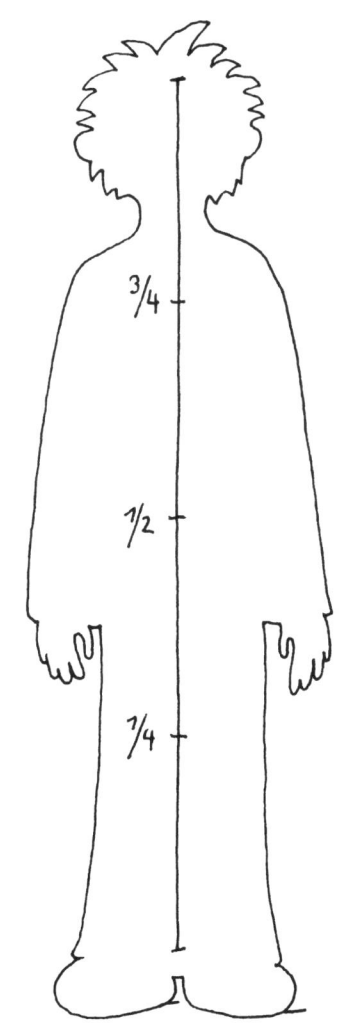

Über die Hälfte unseres Körpers besteht aus Wasser. Um unseren Körper fit zu halten, müssen wir genug trinken. Kinder bis zehn Jahre benötigen täglich bis zu zwei Liter Flüssigkeit und Erwachsene bis zu drei Liter. Leitungs- oder Mineralwasser sind am besten geeignet, um den Durst zu löschen.

Auch mit dem Essen nehmen wir Flüssigkeit auf, besonders mit Obst und Gemüse, aber auch mit Fleisch, Brot, Fisch und Käse.

💧 **Welche Lebensmittel enthalten viel Wasser? Kreise sie ein.**

Name:

Pack die Badehose ein!

💧 **Beschreibe die Situation auf dem Bild. Worüber sprechen wohl die beiden Kinder am Ufer?**

💧 **Wieso ist es sinnvoll, sich vor dem Baden erst die Arme und Beine nass zu machen? Kreuze an.**

☐ Weil man sich sauber machen soll, bevor man schwimmen geht.

☐ Weil man sonst anfängt zu frieren.

☐ Weil sich der Körper langsam an die Temperatur des Wassers gewöhnen soll.

💧 **Lies die folgenden Baderegeln. Wieso sind sie so wichtig? Suche dir einen Partner. Sprecht darüber.**

Baderegeln

- Warte nach dem Essen eine Stunde, bevor du ins Wasser gehst!
- Frierst du, dann verlasse sofort das Wasser!
- Springe nicht in Gewässer hinein, die du nicht kennst!
- Gehe nur bis zum Bauch ins Wasser, wenn du noch nicht schwimmen kannst!
- Gewittert es, verlasse sofort das Wasser!
- Rufe niemals um Hilfe, wenn du nicht ernsthaft in Gefahr bist!

Name:

Der Sprung ins kalte Wasser

 Verbinde jede Redewendung mit der passenden Bedeutung.

Er ist mit allen Wassern gewaschen.	Das kommt nicht zustande.
Das Wasser steht ihm bis zum Hals.	Er ist ihm nicht gewachsen.
Das fällt ins Wasser.	Er ist schlau und gerissen.
Er kann ihm nicht das Wasser reichen.	Das kommt ihm sehr gelegen.
Er kann sich über Wasser halten.	Er steckt in Schwierigkeiten.
Da fließt noch viel Wasser den Rhein hinunter.	Er hat gerade genug zum Leben.
Das ist Wasser auf seine Mühle.	Er fängt schnell an zu weinen.
Stille Wasser sind tief.	Das dauert noch sehr lange.
Er ist nahe am Wasser gebaut.	Er muss sich unvorbereitet einer schwierigen Aufgabe stellen.
Er muss ins kalte Wasser springen.	In einem zurückhaltenden Menschen kann man sich sehr täuschen.

2. Kapitel: Wasser erfahren

Vorbemerkung

Wasser steckt voller Gegensätze und Rätsel: Es ist weich und gleichzeitig so stark, dass es Schiffe trägt. Es kann zu Eis erstarren und sich in Luft auflösen. In diesem Kapitel lernen die Kinder das Element in Versuchen und Spielen kennen. Auf diese Weise finden sie erste Antworten auf Fragen mit Alltagsbezug: Wieso trocknen Pfützen in der Sonne? Warum sinken Schiffe nicht? Wie schaffen es manche Tiere, auf Wasser zu laufen? Hier werden gleichzeitig die Grundlagen zum Verständnis des Wasserkreislaufs (siehe drittes Kapitel) gelegt. Die Kopiervorlagen eignen sich auch für das Lernen an Stationen.

Lehrplanbezug

Sachunterricht
- Die Eigenschaften von Wasser spielerisch erkunden
- Schwimmen und Sinken erproben
- Zustandsformen unterscheiden: fest, flüssig, gasförmig
- Um die Gefahren bei Flüssigkeiten wissen, die ähnlich aussehen wie Wasser

Deutsch
- Sach- und Gebrauchstexten gezielt Informationen entnehmen
- Nach Anweisungen handeln
- Zeichen in der Umgebung suchen

Zu den Kopiervorlagen

Wasser marsch!
KV Seite 22

Das Spiel wird in gleich großen Teams gespielt. Innerhalb von zwei Minuten sollen die Schüler so schnell wie möglich Wasser mithilfe von Schwämmen aus einem vollen in einen leeren Wassereimer bringen. Nach Ablauf der Zeit wird gemessen, wie viel Wasser jedes Team transportieren konnte. Das Ergebnis wird auf dem Arbeitsblatt notiert. Welches Team hat das meiste Wasser transportiert? Das Spiel kann beliebig oft wiederholt werden. Lassen Sie Ihre Klasse Rekorde aufstellen.

Da es im Eifer des Gefechts zu kleineren Überschwemmungen kommen kann, empfiehlt es sich, das Spiel entweder draußen durchzuführen oder ausreichend Handtücher bereitzuhalten.

Wasserspeicher
KV Seite 23

Bei diesem Versuch üben die Schüler den Umgang mit Messgeräten und das genaue Ablesen und Protokollieren der Ergebnisse. Sie untersuchen, welche Materialien welche Mengen Wasser speichern können. Lassen Sie die Schüler vorab Vermutungen darüber anstellen, welcher der Gegenstände die höchste Saugkraft hat. Das erhöht die Spannung.

Falls Sie das Experiment in Gruppen durchführen, können Sie die Klasse zusätzliche Gegenstände mitbringen lassen (z. B. Abwaschschwamm, Teppich, Handtuch, Küchenrolle, Stoff), die dann in Expertengruppen getestet werden. Abschließend vergleichen die Kinder ihre Ergebnisse: Gibt es überraschende Resultate? Entscheidend für abweichende Ergebnisse ist neben dem Material die Größe der Gegenstände.

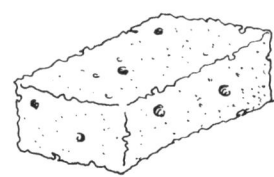

Wasser am warmen und kalten Ort
KV Seite 24

Anhand eines einfachen Experiments erfahren die Schüler, dass Wasser auch bei Raumtemperatur nach einiger Zeit „verschwindet". Zusätzlich erkennen sie, dass dieser Prozess bei höherer Lufttemperatur beschleunigt wird. Über weitere mögliche Beschleunigungsfaktoren stellen sie Vermutungen an und können dabei auf Alltagserfahrungen zurückgreifen (z. B. Haare trocknen schneller, wenn man sie föhnt). Knüpfen Sie gegebenenfalls in einem vorgeschalteten Unterrichtsgespräch an die Alltagserfahrungen der Schüler an: Was passiert mit einer Pfütze, wenn die Sonne scheint? Lassen Sie die Kinder dann Vermutungen über den Versuchsverlauf äußern. Wenn Sie die Wassermenge erhöhen, kann der Beobachtungszeitraum auf mehrere Tage erweitert werden.

Weiterführend können die Kinder auch andere Faktoren untersuchen, die die Verdunstung von Wasser beeinflussen: So verdunstet Wasser in einem geschlossenen Gefäß wesentlich langsamer als in einem offenen Gefäß. Je größer die Oberfläche des Wassers ist (Untertasse im Vergleich zum Wasserglas), desto schneller verdunstet es. Hier wird bereits zur Untersuchung des Wasserkreislaufs übergeleitet (siehe auch KV „Mein eigener kleiner Wasserkreislauf" Seite 42).

Lösung
Aufgabe 2:
Auf beiden Untertassen wird das Wasser weniger. Auf der Untertasse, die am wärmeren Ort steht, verringert sich die Wassermenge schneller.

Aufgabe 3:
1. das Kleidungsstück föhnen
2. das Kleidungsstück auf die Heizung legen

Die Verdunstung von Wasser
Wenn man Wasser auf 100 °C erhitzt, verdampft es. Aber auch unterhalb des Siedepunkts kann Wasser vom flüssigen in den gasförmigen Aggregatzustand wechseln. Dann spricht man von Verdunstung. Die Verdunstung von Wasser erklärt sich daraus, dass die umgebende Luft Feuchtigkeit aufnimmt, sofern ihr Sättigungsgrad noch nicht erreicht ist. Deshalb verdunstet Wasser in trockener Luft auch schneller als in feuchter Luft. Die Verdunstungsgeschwindigkeit hängt außerdem von der Lufttemperatur ab: Da warme Luft mehr Feuchtigkeit aufnehmen kann als kalte Luft, verdunstet Wasser umso schneller, je wärmer es ist. In der Natur ist die Sonneneinstrahlung für die Verdunstung von Wasser verantwortlich. Diese ist ein entscheidender Prozess im Wasserkreislauf (siehe auch drittes Kapitel).

KV Seite 25

Aus Nass wird Trocken
Mithilfe dieses Versuchs erkennen die Kinder, dass sie das Trocknen von Wasserflecken durch Zuführen von Wärme oder „Wind" beschleunigen können. Nasses zu trocknen ist den Schülern aus dem Alltag bekannt, z. B. in Form von Haareföhnen oder Wäschetrocknen. Gegebenenfalls können die Kinder bei der Bearbeitung der Aufgaben auf das Wissen über das Verdunsten von Wasser (siehe KV „Wasser am warmen und kalten Ort" Seite 24) aufbauen. Wärmere Luft kann mehr Feuchtigkeit aufnehmen als kalte. Deshalb trocknet der Föhn den Fleck am schnellsten, während die Pappe den Fleck nur mit der Umgebungsluft befächelt, die kühler ist. Die Beobachtungsreihe kann auch auf anderen Oberflächen und mit anderen Hilfsmitteln fortgesetzt werden.

Lösung
Aufgabe 2:
Als Erster ist der geföhnte Fleck, dann der mit Pappe befächelte Fleck und zum Schluss der sich selbst überlassene Fleck getrocknet. Wasser trocknet (verdunstet / „verschwindet") an warmer Luft schneller als an kühlerer Luft. Wenn sich die umgebende Luft bewegt, trocknet das Wasser schneller, als wenn sie sich nicht bewegt.

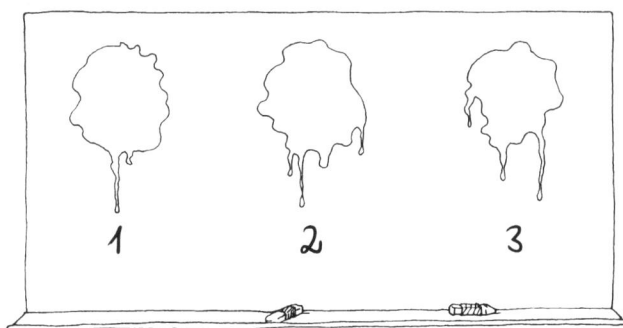

 KV Seite 26

Wasser kann sich verwandeln
Die Schüler lernen die drei Aggregatzustände des Wassers zu unterscheiden und ordnen ihnen in einem zweiten Schritt verschiedene Erscheinungsformen zu. Die zweite Aufgabe bietet sich für eine Partner- oder Gruppenarbeit an. Leistungsstärkere Schüler überlegen sich weitere Beispiele für die drei Aggregatzustände. Gegebenenfalls können die Schüler Bilder und Fotos der einzelnen Zustandsformen suchen und mit diesen ein Poster entwerfen, das im Klassenraum aufgehängt wird.

Darüber hinaus bieten sich verschiedene kleine Experimente an, die zeigen, wie das Wasser seine Aggregatzustände ändert:
- flüssig → fest (Erstarren) / fest → flüssig (Schmelzen): Die Kinder füllen Wasser in verschiedene Eiswürfelformen, lassen es gefrieren und tauen es wieder auf.
- flüssig → gasförmig (Verdampfen) / gasförmig → flüssig (Kondensieren): Bringen Sie Wasser in einem Wasserkessel zum Kochen und fangen Sie den austretenden Wasserdampf mithilfe eines Wasserglases auf. Dieser Versuch bedarf unbedingt Ihrer Aufsicht, da Verbrühungsgefahr besteht. (Versuche zur Verdunstung von Wasser finden Sie auf den Seiten 24 und 44.)

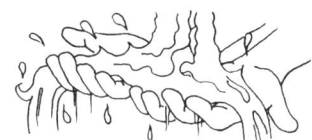

Lösung

Aufgabe 1:
flüssig, gasförmig, fest

Aufgabe 2:
fest: Schnee, Eiswürfel, Eisberg
flüssig: Regen, Meer, Tropfen
gasförmig: Nebel, Wasserdampf

Eis selbst machen

KV Seite 27

Wer hätte gedacht, dass man mit Eiswürfeln und Salz auf einfache Weise leckeres Speiseeis herstellen kann? Dieser Versuch bietet eine erfrischende Abwechslung. Zerkleinern Sie vorab eine ausreichende Menge Eiswürfel, die Sie den Schülern zur Verfügung stellen können. Um die niedrigste Temperatur zu erzielen, müssen 33 g Salz mit 100 g Eis vermengt werden. Weisen Sie die Schüler darauf hin, dass sie die Schüsseln und das Eis nicht mit bloßen Händen anfassen sollen, da diese sehr kalt werden.

Das Phänomen lässt sich folgendermaßen erklären: Durch die Zugabe von Salz sinkt die Gefriertemperatur von Wasser. Das Eis schmilzt. Bei diesem Vorgang wird der Umgebung Energie und somit Wärme entzogen. Die Umgebungstemperatur sinkt auf bis zu −21,3 °C. Diese Temperatur können Sie mit Ihren Schülern messen und an der Tafel dokumentieren.

Was schwimmt, was sinkt?

KV Seite 28

Diese Kopiervorlage ermöglicht einen ersten spielerischen Zugang zum Thema: Welche Gegenstände schwimmen, welche sinken? Bevor ihre Schüler mit dem eigentlichen Versuch beginnen, sollten sie Gelegenheit bekommen, sich die einzelnen Versuchsobjekte anzuschauen. Sie stellen Vermutungen über deren Schwimmfähigkeit an. Die ersten Einschätzungen werden notiert und nach der Durchführung des Versuchs zusammengetragen. Je nach Kenntnisstand der Schüler werden zur Erklärung des unterschiedlichen Schwimmverhaltens wahrscheinlich Form, Material und Gewicht herangezogen.

In zwei weiterführenden Versuchen können diese Vermutungen überprüft werden: Mit dem ersten Experiment wird die Bedeutung des Volumens eines Gegenstands überprüft. Stellen Sie verschiedene Gegenstände derselben Form und Größe (z. B. Kugeln aus Holz, Styropor, Eisen und Wachs) sowie eine Küchenwaage zur Überprüfung des Gewichts zur Verfügung. Die Schüler testen die Schwimmfähigkeit in einer Wanne mit Wasser und erkennen, dass leichtere Gegenstände schwimmen, schwerere sinken. Mit dem zweiten Experiment wird diese Erkenntnis ergänzt: Stellen Sie Gegenstände aus unterschiedlichem Material und mit unterschiedlicher Form zur Verfügung, die alle gleich viel wiegen. Das Gewicht sollen die Schüler ebenfalls mit einer Küchenwaage nachprüfen können. Im Folgenden werden die Schüler feststellen, dass die Behauptung, dass leichte Gegenstände schwimmen, nicht haltbar ist. Sie werden beobachten, dass bei gleichem Gewicht größere Gegenstände besser schwimmen als kleinere. Somit entwickeln die Schüler eine einfache Vorstellung von „Dichte". Diese weiterführenden Versuche können auch zur Differenzierung für leistungsstarke Schüler eingesetzt werden, die ihre Beobachtungen in das abschließende Klassengespräch mit einbringen.

Lösung

schwimmt: Streichholz, Holzklotz, Blatt, Bleistift, Korken, Feder, Teelicht, Tischtennisball, Kerze
sinkt: Stein, Radiergummi, Münze, Apfel, Schlüssel, Löffel, Glasmurmel

Schwimmen und Sinken

Ob ein Gegenstand schwimmt oder nicht, hängt im Wesentlichen vom Verhältnis zweier Größen ab: von der Dichte des Gegenstands und von der Auftriebskraft des Wassers.

Die Dichte ist eine grundlegende Eigenschaft jeden Materials. Sie ergibt sich aus der Masse pro Volumen. Wasser hat eine Dichte von 1 g/cm³. Materialien mit einer geringeren Dichte (z. B. manche Kunststoffe mit 0,8 g/cm³) schwimmen, Materialien mit einer höheren Dichte (z. B. Eisen mit 7,8 g/cm³) sinken. Ausnahmen sind Hohlkörper. Bei diesen vermengt sich die Materialdichte mit der geringeren Dichte der Luft und es wird eine durchschnittliche Dichte gebildet. Deshalb haben z. B. Schiffe Hohlräume im Innern. Dadurch verringert sich die durchschnittliche Dichte des Baustoffs gegenüber der Dichte des Wassers.

Die Auftriebskraft, die im Wasser scheinbar alle Dinge leichter macht, entdeckte Archimedes bereits im Jahr 300 v. Chr. Das Archimedische Prinzip besagt: Die Auftriebskraft eines Gegenstands in einem Medium ist genauso groß wie die Gewichtskraft des vom Körper verdrängten Mediums. In diesem Zusammenhang gewinnt die Form eines Gegenstands an Bedeutung: Gegenstände mit größerer Oberfläche verdrängen mehr Wasser und erhalten somit eine stärkere Auftriebskraft. Des Weiteren spielt die Eintauchtiefe eine Rolle: Je tiefer ein Gegenstand ins Wasser eintaucht, ohne dass Wasser eindringt, desto stärker drückt das Wasser von unten dagegen.

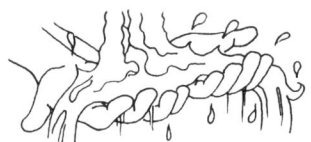

Wasser ist stark

Die Schüler kennen mit Sicherheit das leichte Körpergefühl, wenn sie sich im Wasser bewegen. Auf dieser Erfahrung baut das Experiment auf. Eine Plastiktüte und eine Flasche bringen die Schüler von zu Hause mit. Die Schüssel sollten Sie zur Verfügung stellen. Die benötigten Steine lassen sich z. B. während eines Unterrichtsgangs zum nächstgelegenen Gewässer sammeln.

Das Experiment sollte in Partnerarbeit durchgeführt werden, um das Befüllen der Schüssel mit Wasser um die Tüte herum zu erleichtern. Die Schüler werden feststellen, dass die Steine im Wasser leichter wirken als ohne Wasser. (Verwendet man zwei gleich schwere Beutel mit Steinen, lässt sich dieser Gewichtsunterschied im Wasser mithilfe einer Balkenwaage nachweisen.) Im Anschluss an das Experiment können die Schüler im Unterrichtsgespräch nach einer einfachen Erklärung für ihre Beobachtungen suchen: Das Wasser drückt den eingetauchten Gegenstand nach oben. Diese Kraft nennt man „Auftriebskraft".

Können schwere Gegenstände schwimmen?

Diese Kopiervorlage baut auf den vorangegangenen Experimenten zum Schwimmen und Sinken auf. Im ersten Versuch bestehen beide Gegenstände aus dem gleichen Material, haben also die gleiche Dichte, jedoch unterschiedliche Formen, woraus wiederum unterschiedliche Auftriebskräfte resultieren. Zunächst stellen die Schüler Vermutungen über das Schwimmverhalten des Löffels und der Schüssel an und notieren sie in der Tabelle. Dann werden beide Objekte getestet. Die Schüler werden feststellen, dass der Metalllöffel sinkt und die Metallschüssel auf der Wasseroberfläche schwimmen kann. Erste Erklärungsversuche werden mithilfe des zweiten Experiments überprüft: Hier wird erst die Kugelform eines Stücks Knetmasse untersucht und dann nach einer schwimmfähigen Alternative gesucht: Hierbei können sich die Schüler an der runderen Schüsselform des ersten Versuchs orientieren oder eine ovalere Schiffsform wählen.

Welches Schiffchen schwimmt am längsten?

Lassen Sie Ihre Schüler die benötigten Materialien vor diesem Versuch selbst beschaffen. Das kann auch im Rahmen eines Unterrichtsgangs geschehen. Anhand der Vorlagen lassen sich die Schiffe leicht basteln. Sie können Ihre Klasse auch in drei Gruppen einteilen. Jede Gruppe stellt ein Schiffchen her.

Bei dem anschließenden Versuch geht es um die Tragfähigkeit von Schiffen. Dabei können die Schüler auf das zuvor Erlernte zurückgreifen. Lassen Sie die Kinder in einem gelenkten Unterrichtsgespräch vorab ihre Vermutungen äußern:
- Ist die Tragfähigkeit eines Schiffes nur vom Material abhängig?
- Welche weiteren Faktoren könnten eine Rolle spielen?

Wichtig für die Stabilität eines Schiffes beim Beladen ist, dass sich die Last über eine möglichst große Fläche verteilt, damit das Gewicht des verdrängten Wassers und somit die Auftriebskraft möglichst groß ist. Somit ist das Nussschalenboot trotz seiner Seitenwände am instabilsten. Das Stöckchenfloß hält am längsten dem Gewicht der Münzen stand. Es liegt flach auf dem Wasser auf, sodass sich das Gewicht der Münzen am besten verteilen kann. Die Auftriebskraft des Wassers ist über einen längeren Zeitraum größer als die Gewichtskraft des Floßes.

Oberflächenspannung

In der Natur kann man Insekten beobachten, die auf dem Wasser laufen können, so z. B. der Wasserläufer. Auch eine Reißzwecke oder eine Büroklammer aus Eisen, die man vorsichtig auf die Wasseroberfläche legt, gehen nicht unter, obwohl sie eine größere Dichte als Wasser besitzen. Dieses Phänomen kann mit der Oberflächenspannung des Wassers erklärt werden: Die einzelnen Wassermoleküle ziehen sich gegenseitig an (Kohäsionskräfte). Unterhalb der Wasseroberfläche wird in alle vier Richtungen gezogen, sodass sich die Kräfte gegenseitig aufheben. Da bei den Wassermolekülen an der Wasseroberfläche die Partner von oben fehlen, gibt es eine Gesamtkraft nach unten. Es entsteht ein Druck, der ins Innere des Wassers gerichtet ist. Dadurch ist die Oberfläche wie auf dem Wasser „aufgespannt". Es wirkt, als hätte das Wasser eine Art dehnbare Haut.

Hat Wasser eine Haut?

Dieses Experiment ist immer wieder aufs Neue faszinierend: Je mehr Münzen ins Wasser gleiten, umso höher wölbt sich die Wasseroberfläche über den Glasrand. Das Wasser wird zwar verdrängt, aber an der Oberfläche werden die Moleküle so zusammengehalten, dass das Glas zunächst nicht überläuft. Die Oberflächenspannung ist dabei als „Wasserhügel" zu erkennen. Erst wenn die Oberflächenspannung schließlich zusammenbricht, tritt das Wasser über den Glasrand. Die Anzahl der Münzen, die in das Glas passen, hängt von Münzgröße und Wasserhärte ab. An den Versuch kann sich ein Klassengespräch zum Thema Oberflächenspannung anschließen (siehe Infokasten Seite 20).

Ene, mene, meck – die Büroklammer ist weg!
Der Zaubertrick lässt sich durch das Phänomen der Oberflächenspannung erklären. Die Wasserteilchen halten sich gegenseitig fest, sodass die Büroklammer auf ihnen schwimmt. Kommt aber Spülmittel dazu, rutschen die Wasserteilchen voneinander ab.

Die Schüler werden mit dem Zaubertrick dazu motiviert, das Erlernte zu Hause wiederzugeben und dadurch zu festigen.

Welche anderen Zaubertricks mit Wasser kennen Ihre Schüler?

Der flinke Fisch
Lassen Sie die Schüler die Pappfische für ihren Schwimmeinsatz vorbereiten. Hierfür verwenden sie am besten verschiedenfarbige Pappe, damit die Fische beim Weitschwimmen auseinanderzuhalten sind. Die fertigen Fische werden nacheinander in die Blumenkästen gesetzt und durch das Hinzufügen des Spülmitteltropfens zum Schwimmen gebracht. Hinterher messen die Kinder, wie weit ihr Fisch geschwommen ist. Welcher Fisch hat gewonnen? Es können auch zwei Fische gleichzeitig gegeneinander antreten. Arbeiten mehrere Gruppen an demselben Blumenkasten, muss das Wasser nach jedem Durchgang ausgetauscht werden, da sonst der Effekt nachlässt und die Ergebnisse untereinander nicht mehr vergleichbar sind.

Können Ihre Schüler erklären, warum sich der Fisch so schnell vorwärtsbewegt? Sobald das Spülmittel auf die Wasseroberfläche trifft, werden an dieser Stelle die Oberflächenspannung des Wassers und gleichzeitig die Kräfte der am Fisch ziehenden Wassermoleküle reduziert. Da sich das Spülmittel aber schneller in eine Richtung ausbreiten kann, sind davon zunächst nur die Wassermoleküle am hinteren Teil des Fisches betroffen. Die Kräfte im vorderen Bereich, in dem die Oberflächenspannung noch intakt ist, gewinnen die Oberhand und befördern den Fisch nach vorne.

Eine Wasserlupe
Betrachten Ihre Schüler einen Text durch die gebastelte Lupe ohne Wassertropfen, werden Sie keine Veränderung feststellen. Er sieht genauso aus, als würden sie ihn mit bloßem Auge lesen.

Wenn die Kinder die Lupe mit dem Wassertropfen über denselben Text halten, werden sie feststellen, dass sie damit jede Schrift vergrößern können. Der Wassertropfen neigt durch die Oberflächenspannung dazu, eine Kugelform anzunehmen. Beim Aufliegen auf der Folie wölbt sich der Tropfen und wird zu einer konvexen Linse, die alles vergrößert, was man durch sie betrachtet.

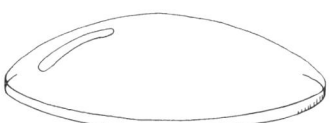

Gefährliche Flüssigkeiten!
Im einführenden Gespräch tauschen die Schüler sich darüber aus, welche gefährlichen Flüssigkeiten sie kennen und welche Erfahrungen sie gegebenenfalls damit gemacht haben. Bei der Bearbeitung der ersten Aufgabe erkennen sie, dass solche Behältnisse mit Warnschildern gekennzeichnet sind, die sich in ihrer Bedeutung unterscheiden. Die zweite, etwas schwierigere Aufgabe können sie z. B. gemeinsam im Unterrichtsgespräch lösen. Gegebenenfalls können die Kinder auch zu Hause oder im Supermarkt „recherchieren": Auf welchen Produkten befinden sich die Warnschilder? Je nach Stoffzusammensetzung lassen sich einige Produkte auch mehrfach zuordnen.

In der abschließenden Ergebnisauswertung und Diskussion bietet es sich an, folgende Fragen einfließen zu lassen:
- Was unterscheidet diese Flüssigkeiten vom Wasser?
- Wozu werden sie genutzt?
- Gibt es Gemeinsamkeiten, z. B. Inhaltsstoffe?
- Wo werden sie im Haushalt aufbewahrt? Gibt es Orte, an denen sie sicher aufbewahrt werden können?

Lösung
Aufgabe 1:

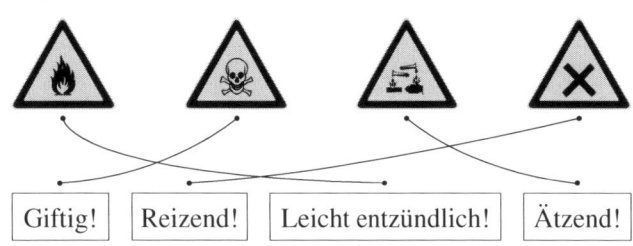

Aufgabe 2:

⚠ (Flamme)	⚠ (Totenkopf)	⚠ (Ätzend)	⚠ (X)
Klebstoff	Benzin	Rohrreiniger	Rohrreiniger
Spiritus	Pflanzenspritzmittel	Grillreiniger	Grillreiniger
Benzin	Insektizide	WC-Reiniger	Entkalker

Name:

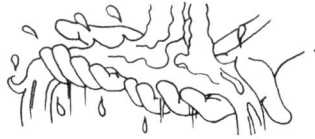

Wasser marsch!

Ihr braucht:
- eine Stoppuhr
- für jedes Team zwei 10-Liter-Eimer mit Messskala
- für jedes Team einen Schwamm

So wird's gemacht:

1. Markiert eine Start- und eine Ziellinie, die fünf Meter voneinander entfernt sind.
2. Bildet Teams. Jedes Team füllt einen der beiden Eimer mit Wasser.
3. Stellt den vollen Eimer an die Ziellinie, den leeren Eimer an die Startlinie.
4. Stellt euch mit eurem Team in einer Reihe hinter eurem leeren Eimer auf. Der erste Läufer hält den Schwamm in der Hand.
5. Der Kampfrichter stellt die Stoppuhr auf zwei Minuten und gibt das Startsignal.
6. Der erste Läufer jedes Teams rennt mit dem Schwamm zum vollen Eimer, taucht ihn ein, rennt zurück zum leeren Eimer, wringt den Schwamm gründlich aus und gibt ihn an den zweiten Läufer weiter. Dieser rennt sofort wieder los. Der erste Läufer stellt sich hinten in der Reihe an.
7. Der Wassertransport wird so oft wiederholt, bis die Zeit abgelaufen ist.
8. Welches Team hat nach zwei Minuten am meisten Wasser in den leeren Eimer getragen?

💧 **Tragt das Ergebnis ein.**

Unser Team hat _____ Wasser transportiert.

_____

_____

_____

Name:

Wasserspeicher

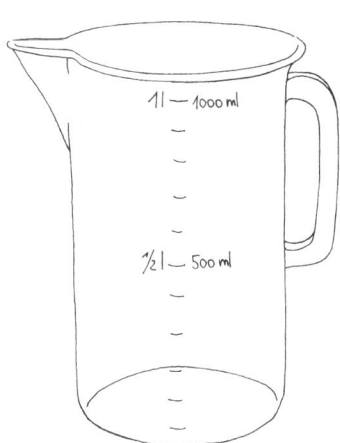

Du brauchst:
- zwei Schüsseln
- einen Schwamm
- einen Messbecher
- einen Wischlappen
- ein Papiertaschentuch
- ein Blatt Papier
- einen Wattebausch
- Wasser

So wird's gemacht:
1. Stelle beide Schüsseln nebeneinander und fülle eine davon mit Wasser.
2. Tauche den Schwamm ins Wasser, sodass er sich vollsaugt.
3. Nimm den Schwamm wieder heraus. Wringe ihn gründlich über der leeren Schüssel aus.
4. Schütte das Wasser in den Messbecher. Miss, wie viel Wasser der Schwamm speichern konnte. Trage das Ergebnis unten ein.
5. Wiederhole den Vorgang mit den anderen Gegenständen.

💧 **Trage hier deine Ergebnisse ein und vergleiche sie mit einem Partner.**

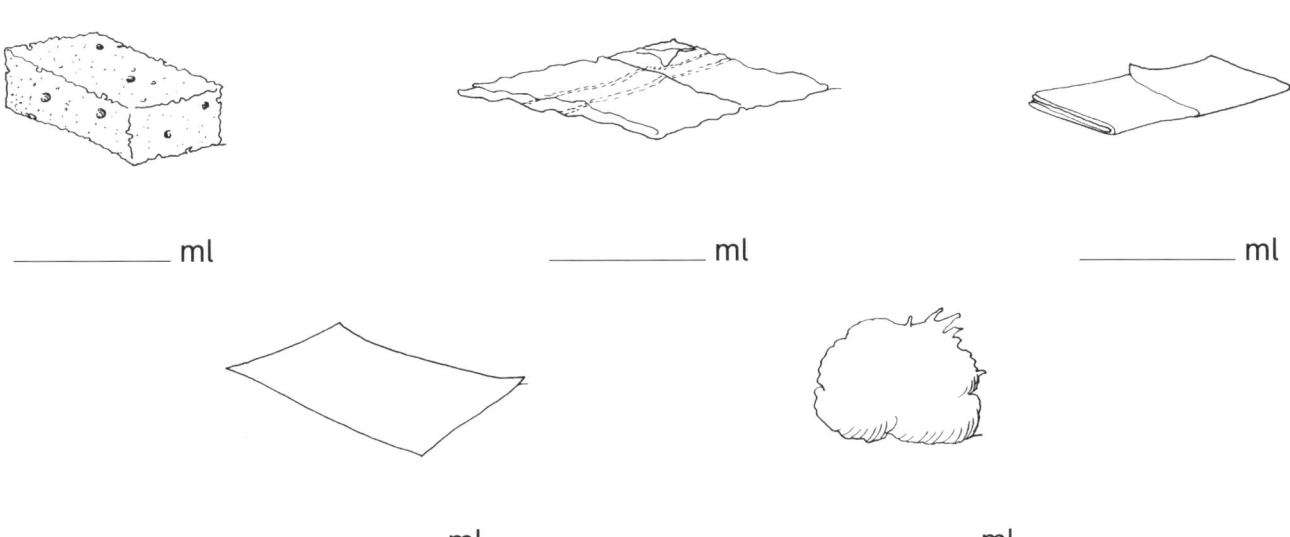

_____ ml   _____ ml   _____ ml

_____ ml   _____ ml

💧 **Welcher Gegenstand saugt am meisten Wasser auf, welcher am wenigsten? Versuche zu erklären, woran das liegt.**

_____

Name:

Wasser am warmen und kalten Ort

Du brauchst:
- zwei Untertassen
- Wasser
- einen Teelöffel

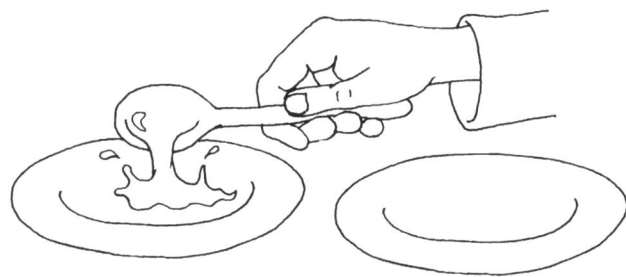

So wird's gemacht:
1. Gib auf jede Untertasse einen Teelöffel Wasser.
2. Stelle die eine Untertasse an einen warmen Ort (z. B. auf die Heizung oder aufs Fensterbrett) und die andere an einen kühlen Ort (z. B. in den Kühlschrank).

💧 **Prüfe jede Stunde den Wasserstand auf beiden Untertassen. Was fällt dir auf? Trage deine Beobachtungen in die Tabelle ein.**

Uhrzeit	Beobachtung	
	Untertasse warmer Ort	Untertasse kühler Ort

💧 **Was passiert mit dem Wasser? Fasse deine Beobachtungen zusammen.**

_____

_____

💧 **Was kannst du tun, um Wasserflecken auf einem Kleidungsstück schneller verschwinden zu lassen? Finde zwei Möglichkeiten.**

1. _____
2. _____

Name:

Aus Nass wird Trocken

Jedes Team braucht:
- einen Schwamm
- Wasser
- eine Schultafel
- ein Stück Pappe (DIN A3)
- einen Föhn

So wird's gemacht:
1. Macht den Schwamm nass und drückt ihn dreimal mit einigem Abstand nebeneinander auf die Tafelfläche. Es sollen drei gleich große Flecken entstehen.

💧 **Welcher Fleck trocknet wohl am schnellsten? Kreuzt an.**

☐ Der Fleck, der geföhnt wird, trocknet am schnellsten.

☐ Der Fleck, der mit der Pappe befächelt wird, trocknet am schnellsten.

☐ Der Fleck, der allein trocknet, trocknet am schnellsten.

2. Föhnt den ersten Fleck und fächelt gleichzeitig mit der Pappe über den zweiten Fleck. Den dritten Fleck lasst ihr einfach von selbst trocknen.

💧 **Was habt ihr beobachtet? Versucht euer Ergebnis zu erklären.**

_____

_____

_____

_____

_____

Name:

Wasser kann sich verwandeln

Wasser kann gasförmig, flüssig oder fest sein. Diese drei Formen nennt man „Aggregatzustände". Wasser kann sich von einem Zustand in einen anderen verwandeln und wieder zurück. Das hängt von seiner Temperatur ab:

unter 0 °C	zwischen 1 °C und 99 °C	ab 100 °C
fest (gefroren)	flüssig	gasförmig

💧 **Welche Aggregatzustände sind auf den Bildern zu sehen? Schreibe die Begriffe auf.**

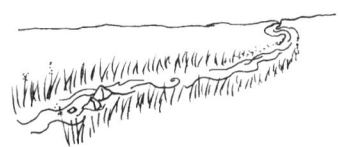  

_____   _____   _____

💧 **Verbinde die drei Aggregatzustände mit den passenden Bildern.**

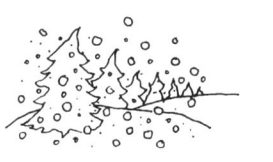   

   • fest •

   • flüssig •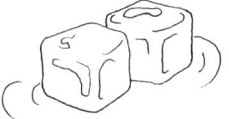

• gasförmig •

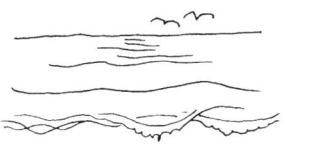   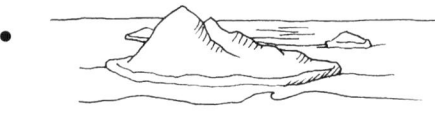

Eis selbst machen

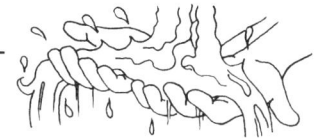

Du brauchst:
- Eiswürfel
- ein Geschirrhandtuch
- eine große Glasschüssel
- eine kleine Glasschüssel
- einen Teelöffel
- Salz
- Orangensaft

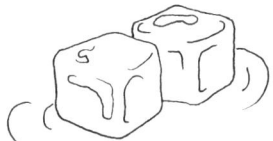

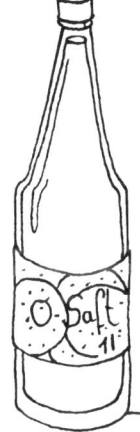

So wird's gemacht:

1. Fülle die Eiswürfel in die große Schüssel.
2. Bestreue sie mit viel Salz und rühre gut um.
3. Fülle in die kleine Schüssel den Orangensaft.
4. Stelle die Schüssel mit dem Orangensaft so tief wie möglich in die Schüssel mit der Eiswürfel-Salz-Mischung. Rühre den Orangensaft vorsichtig um. Lass kein salziges Eiswasser dazuschwappen!
5. Nach etwa 15 Minuten ist dein cremiges Orangeneis fertig!

Aus Sahne, Milch und Kakaopulver kannst du leckeres Schokoladeneis machen. Probiere das Ganze auch mit Joghurt oder anderen Säften. Deiner Fantasie sind keine Grenzen gesetzt!

Name:

Was schwimmt, was sinkt?

Du brauchst:
- eine Wanne mit Wasser
- Gegenstände: Stein, Radiergummi, Streichholz, Münze, Holzklotz, Blatt, Bleistift, Apfel, Korken, Feder, Teelicht, Schlüssel, Löffel, Tischtennisball, Kerze, Glasmurmel

💧 **Welche Gegenstände schwimmen wohl? Kreuze in der Tabelle an.**

💧 **Lege die Gegenstände in die Wanne mit Wasser: Was schwimmt und was sinkt? Notiere deine Ergebnisse und erkläre kurz.**

Gegenstand	Vermutung		Ergebnis		Erklärung
	schwimmt	sinkt	schwimmt	sinkt	
Stein					
Radiergummi					
Streichholz					
Münze					
Holzklotz					
Blatt					
Bleistift					
Apfel					
Korken					
Feder					
Teelicht					
Schlüssel					
Löffel					
Tischtennisball					
Kerze					
Glasmurmel					

Name:

Wasser ist stark

Du brauchst:
- eine Flasche mit Leitungswasser
- fünf mittelgroße Steine
- eine große Plastikschüssel
- eine Plastiktüte

So wird's gemacht:
1. Fülle die Steine in die Plastiktüte und hebe sie an. Wie schwer fühlt sie sich an?
2. Lege die Tüte mit der Öffnung nach oben in die Schüssel.
3. Gieße das Wasser aus der Flasche vorsichtig in die Schüssel, sodass es die Tüte umfließt. Pass auf, dass dabei kein Wasser in die Tüte läuft.
4. Hebe die Tüte wieder an. Was fällt dir auf?

Schreibe deine Beobachtungen auf.

ohne Wasser	mit Wasser

Name:

Können schwere Gegenstände schwimmen?

Du brauchst:
- eine Wanne mit Wasser
- einen Metalllöffel
- eine kleine Metallschüssel
- Knetmasse

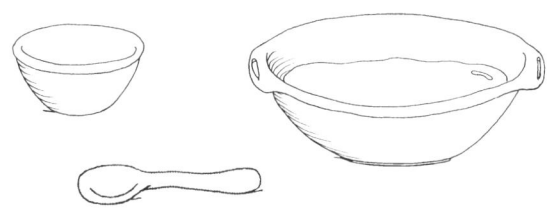

💧 **Was passiert, wenn du den Löffel und die Schüssel ins Wasser legst? Notiere zuerst deine Vermutung und probiere es dann aus.**

Gegenstand	Vermutung	Ergebnis
Metalllöffel		
Metallschüssel		

💧 **Forme aus einem Stück Knetmasse eine Kugel und lege sie auf die Wasseroberfläche. Vermute und prüfe, was passiert.**

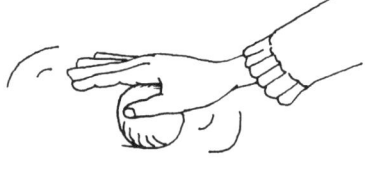

Gegenstand	Vermutung	Ergebnis
Knetkugel		

💧 **Welche Form muss die Knetmasse haben, damit sie schwimmt? Probiere aus. Male die Form auf und beschreibe sie.**

Name:

Welches Schiffchen schwimmt am längsten?

💧 **Bastle die Schiffchen.**

Rindenschiff
Für den Bootsrumpf benötigst du Baumrinde. Ein Stöckchen dient als Mast. Das Segel ist ein großes Blatt, das oben und unten von dem Stöckchen aufgespießt wird.

Nussschalenboot
Du benötigst die Hälfte einer Walnussschale. Forme aus Knetmasse eine kleine Kugel und drücke sie in die Schale. Stecke einen Zahnstocher als Mast in die Knetmasse. Aus Papier schneidest du ein Segel zurecht, das du auf den Mast spießt.

Stöckchenfloß
Lege vier gleich lange Stöckchen nebeneinander. Binde die Stöcke mit einer Schnur fest aneinander. Bohre einen kleineren Stock in die Mitte deines Floßes. Spieße ein Blatt als Segel auf den Stock.

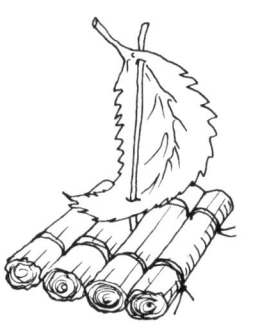

💧 **Setze die Schiffchen in eine Wanne mit Wasser. Lege zuerst eine 1-Cent-Münze auf jedes Schiff und dann weitere. Welches Schiff sinkt zuerst, welches ist besonders stabil? Erkläre kurz, warum.**

Schiffchen	Münzen	Erklärung
Rindenschiff		
Nussschalenboot		
Stöckchenfloß		

Name:

Hat Wasser eine Haut?

Du brauchst:
- Münzen
- ein Trinkglas
- Wasser
- einen Suppenteller

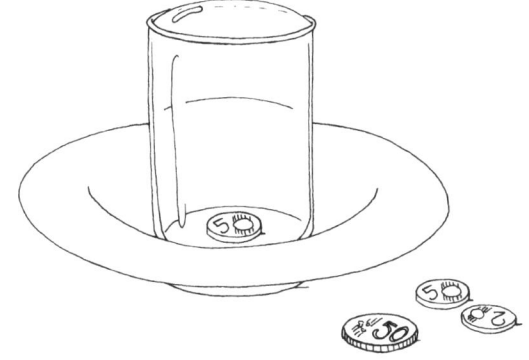

So wird's gemacht:
1. Fülle das Glas bis zum Rand mit Wasser und stelle es in den tiefen Teller.
2. Gib vorsichtig nach und nach die Münzen hinein, bis das Wasser überläuft.

💧 **Beobachte die Oberfläche des Wassers. Male und erkläre, was passiert.**

_____
_____
_____

💧 **Wie viele Münzen passen in das Glas, ohne dass Wasser überläuft?**

_____

Name:

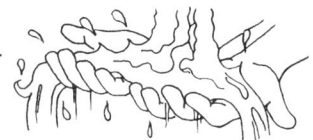

Ene, mene, meck – die Büroklammer ist weg!

Du brauchst:
- einen Suppenteller mit Wasser
- eine Büroklammer
- ein kleines Stück Löschpapier
- Spülmittel

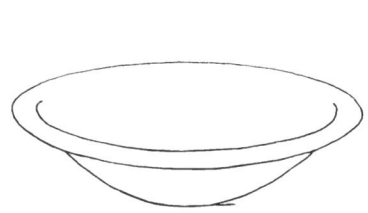

So wird's gemacht:

1. Lege das Löschpapier vorsichtig auf die Wasseroberfläche.
2. Platziere die Büroklammer behutsam darauf. Warte ab, bis sich das Löschpapier vollgesogen hat und zu Boden gesunken ist.
3. Die Büroklammer schwimmt auf der Wasseroberfläche. Gib einen Tropfen Spülmittel ins Wasser.

 **Beschreibe, was passiert.**

_____

_____

_____

Führe diesen Versuch als Zaubertrick vor und gib vorher heimlich einen Tropfen Spülmittel auf deinen Finger. Sprich den Zauberspruch:

„Ene, mene, meck – die Büroklammer ist weg!"

und lege den Finger vorsichtig auf die Wasseroberfläche, ohne die Büroklammer zu berühren. Dein Publikum wird überrascht sein!

Name:

Der flinke Fisch

Du brauchst:
- einen geschlossenen, langen Blumenkasten (ohne Löcher)
- ein Stück feste Pappe
- eine Schere
- Spülmittel
- Wasser
- ein Zentimetermaß

So wird's gemacht:

1. Schneide die Fisch-Vorlage unten aus.
2. Übertrage die Form auf die Pappe und schneide den Fisch aus.
3. Lege den Fisch in den mit Wasser gefüllten Blumenkasten.
4. Gib vorsichtig einen kleinen Tropfen Spülmittel in das Loch des Fisches.

 Wie weit schwimmt dein Fisch? Miss und trage das Ergebnis ein.

Mein Fisch ist _____ geschwommen.

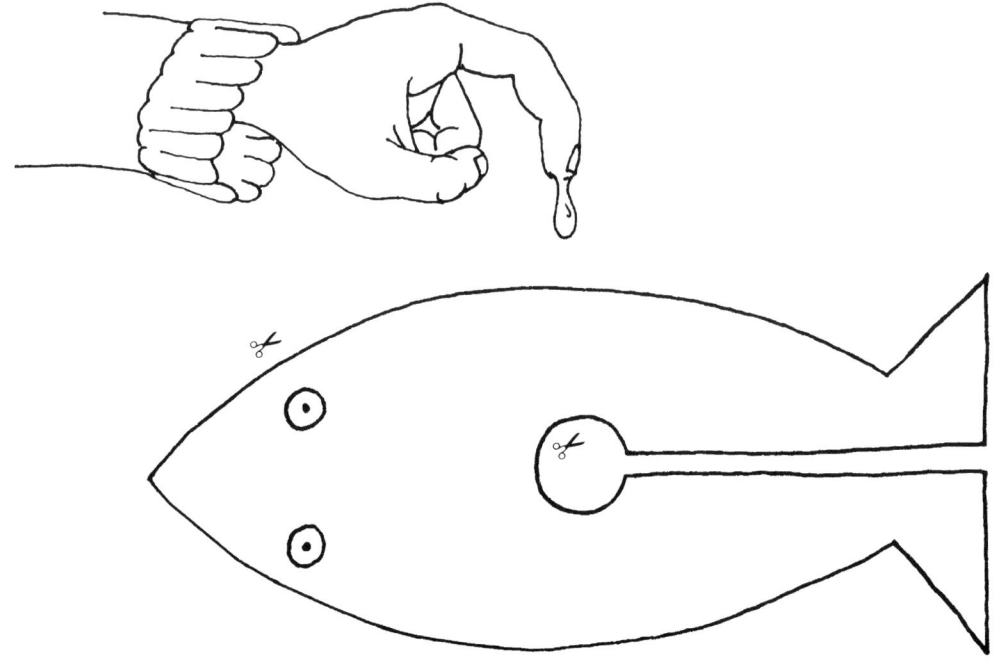

Name:

Eine Wasserlupe

Du brauchst:
- selbstklebende Folie oder Frischhaltefolie und durchsichtiges Klebeband
- ein Stück feste Pappe
- eine Schere
- Wasser
- eine Zeitung oder eine Münze

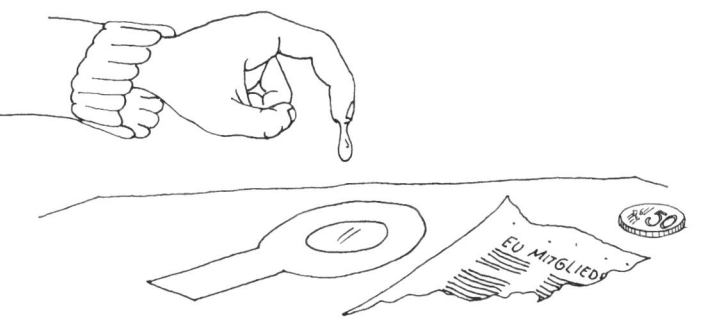

So wird's gemacht:

1. Zeichne mithilfe der Schablone eine Lupe auf die Pappe und schneide sie aus.
2. Beklebe das Guckloch mit Folie.
3. Halte die Lupe über die Zeitung oder die Münze.
4. Gib vorsichtig einen Tropfen Wasser auf die Folie.
5. Halte die Lupe wieder über die Zeitung oder die Münze.

 Was fällt dir auf? Male oder schreibe.

ohne Wassertropfen	mit Wassertropfen

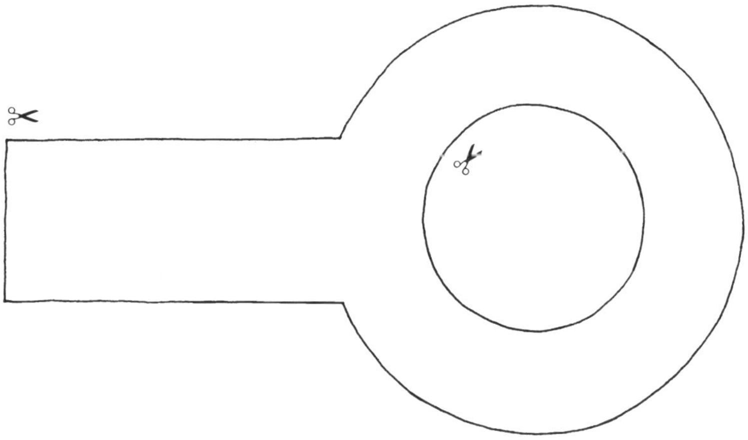

Name:

Gefährliche Flüssigkeiten!

Nicht nur Getränke werden in Flaschen aufbewahrt, sondern auch Flüssigkeiten, die man nicht trinken darf. Solche Flaschen tragen Gefahrenschilder, um dich zu warnen.

 Was bedeuten diese Schilder? Verbinde.

| Giftig! | Reizend! | Leicht entzündlich! | Ätzend! |

 Ordne diese Flüssigkeiten nach ihren Gefahrenschildern in die Tabelle ein. Finde noch weitere Flüssigkeiten. Schreibe sie auf.

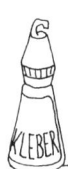            

🔥 Kann sehr leicht in Brand geraten.	☠ Verschlucken oder Einatmen kann die Gesundheit schwer schädigen oder zum Tode führen.	🧪 Kontakt zerstört sofort Haut und Augen.	✕ Kontakt mit Haut oder Schleimhaut kann Reizungen hervorrufen.
Klebstoff			

3. Kapitel: Der Kreislauf des Wassers

Vorbemerkung

Wasser verschwindet nicht. Es zirkuliert immerfort in einem Wasserkreislauf und nimmt dabei je nach Temperatur unterschiedliche Formen an. Mal für das Auge wahrnehmbar, mal unsichtbar. Als Regen oder Schnee kommt das Wasser zurück auf die Erde und versickert im Boden. Niederschläge speisen das Grundwasser in den tieferen Schichten des Erdbodens. Das Grundwasser ist neben anderen Wasserreservoirs Grundlage des lebenswichtigen Trinkwassers. Dieses Kapitel gibt außerdem Anlass, darüber nachzudenken, wie wir mit Wasser umgehen und was wir unternehmen können, um die Umwelt zu schützen.

Zu den Kopiervorlagen

KV Seite 41

Wasser läuft im Kreis

Diese Kopiervorlage bietet vielfältige Gesprächsanlässe. Die Schüler erzählen zum Bild und beschreiben die einzelnen Phasen des Wasserkreislaufs. Im Lückentext setzen die Kinder Fachbegriffe ein und zeichnen den Weg des Wassers in der bildlichen Darstellung durch Worte nach.

Leistungsstärkere Schüler beschäftigen sich tiefer gehend mit den einzelnen Vorgängen, recherchieren dazu im Internet oder in Lexika und halten einen kleinen Vortrag über einen selbst gewählten Prozess innerhalb des Kreislaufs. Alternativ können diese Schüler zu den einzelnen Fachbegriffen ein Quiz entwickeln.

Lösung

Aufgabe 2:
(1) Die Sonne <u>erwärmt</u> die oberste Schicht des Wassers von Meeren, Seen und Flüssen, aber auch den Tau, der auf Wäldern und Wiesen liegt. Unzählige Wasserteilchen <u>verdunsten</u> und steigen auf.
(2) In kühleren Luftschichten <u>kondensieren</u> sie zu winzigen Tröpfchen. Es entstehen Wolken und es beginnt zu <u>regnen</u>.
(3) Der eine Teil des Regens fällt direkt zurück in die <u>Gewässer</u> oder auf die Erde, wird von Pflanzen aufgenommen und verdunstet wieder.
(4) Der andere Teil versickert bis zu einer wasserundurchlässigen <u>Erdschicht</u> und bildet das <u>Grundwasser</u>.
(5) Über eine <u>Quelle</u> gelangt dieses Wasser wieder an die Oberfläche. Der <u>Wasserkreislauf</u> beginnt von vorn.

Aufgabe 3:

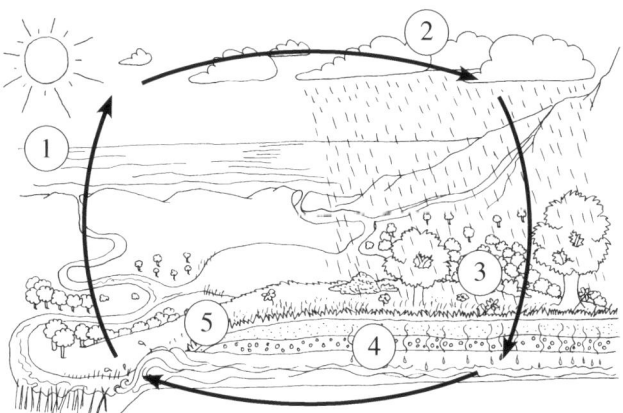

Lehrplanbezug

Sachunterricht
- Den natürlichen Kreislauf des Wassers verstehen
- Den Weg des Regenwassers beschreiben
- Wolkenbildung und Niederschlag verstehen
- Messgeräte zur Wetterbeobachtung bauen und erproben
- Mit Wasser bewusst umgehen

Deutsch
- Sach- und Gebrauchstexte lesen: gezielt Informationen entnehmen und nach Anweisungen handeln
- Zusammenhänge zwischen Bild und Text herstellen
- Erzähltexte lesen und verstehen

Kunst
- Sticker entwerfen

Mein eigener kleiner Wasserkreislauf

 KV Seite 42

Besorgen Sie für dieses Experiment Holzkohle, Blumenerde, Frischhaltefolie und destilliertes Wasser. Lassen Sie die restlichen Materialien von den Kindern mitbringen. Holzkohle und destilliertes Wasser beugen der Schimmelbildung vor.

Die Kinder bauen die Wasserkreisläufe am besten in Gruppen, um sich gegenseitig helfen zu können. Am Ende beschriften sie das Glas mit ihrem Namen und stellen es auf die Fensterbank. Dabei ist darauf zu achten, dass die Gläser nicht der prallen Sonne ausgesetzt sind.

In den folgenden fünf Tagen beobachten die Schüler, welche Prozesse in ihrem Glas ablaufen, und halten die Ergebnisse gemeinsam in der Gruppe fest: Wächst die Pflanze oder vertrocknet sie? Bilden sich am Deckel oder an der Glaswand Tropfen? Falls die Kinder das nötige Vorwissen bereits besitzen, sollten sie möglichst Fachbegriffe verwenden. Abschließend werden die Ergebnisse gesammelt und diskutiert: Wieso heißt das Experiment „Mein eigener kleiner Wasserkreislauf"?

Auf den folgenden Kopiervorlagen (Seite 43–46) werden in Versuchen und Übungen einzelne Phasen des Wasserkreislaufs genauer untersucht und dadurch „greifbar" gemacht.

Kondensation

Die Kondensation ist ein physikalischer Vorgang und bezeichnet das Übergehen eines Stoffes vom gasförmigen in den flüssigen Aggregatzustand. Sie erfolgt unter bestimmten Druck- und Temperaturbedingungen. Das Gegenteil der Kondensation ist das Verdampfen oder die Verdunstung. Im Wasserkreislauf ist die Kondensation ein grundlegender Prozess. Hierdurch entstehen Niederschläge, Nebel und Wolken. Auch im Alltag lässt sich das Phänomen häufig beobachten, z.B. kühlt der Wasserdampf nach dem Duschen ab und bildet am Badezimmerspiegel kleine Tropfen.

Lass es regnen!

KV Seite 43

Dieses Experiment führt den Kindern vor Augen, wie Regen entsteht: Dadurch, dass das Wasser über den Siedepunkt von 100 °C erhitzt wird, verdampft es, d.h. es wechselt vom flüssigen in den gasförmigen Zustand. Am Topfdeckel kühlt der Wasserdampf wieder ab und kondensiert, d.h. es bilden sich Tröpfchen. Wenn diese zu schwer werden, fallen sie wieder nach unten. Über dem Teller „regnet" es.

Damit Sie die Kinder beim Erhitzen des Wassers beaufsichtigen können, sollte dieser Versuch in Gruppen durchgeführt werden. Achten Sie darauf, dass die Kinder stets den Kochhandschuh tragen, wenn sie den Deckel anfassen: Der Deckel, die abperlenden Tropfen und der aus dem Topf aufsteigende Wasserdampf sind heiß.

Lassen Sie die Schüler die Entstehung des Regens mit Fachbegriffen erklären.

Mein Mini-Teich

 KV Seite 44

Dieser Versuch bringt den Schülern die Prozesse der Verdunstung und der Kondensation auf anschauliche Weise näher (zur Verdunstung siehe auch KV „Wasser am warmen und kalten Ort" Seite 24).

Die Kinder erkennen, dass die Wassermenge in der unbedeckten Schüssel nach und nach weniger wird, das Wasser verdunstet. In der abgedeckten Schüssel hingegen ist keine Veränderung des Wasserstandes sichtbar. Das Wasser verdunstet hier auch, kondensiert aber am oberen Teller. Dort kühlt das gasförmige Wasser ab und bildet Tröpfchen, die dann wieder nach unten fallen. In diesem geschlossenen Kreislauf geht kein Wasser verloren.

Lösung

Aufgabe 2:

Das Teichwasser verdunstet, d.h. wechselt in den gasförmigen Zustand, und steigt nach oben. Fällt es nicht als Regen wieder auf die Erde, ist der Teich irgendwann ausgetrocknet.

Wohin geht das Regenwasser?

 KV Seite 45

Was geschieht mit dem Regenwasser, das auf die Erde fällt? Etwa ein Drittel fließt direkt in die Gewässer, ein Drittel verdunstet und ein Drittel versickert im Boden oder wandert in die Kanalisation. Mithilfe der Bilder vollziehen die Schüler exemplarisch den Weg des Regenwassers durch verschiedene Bodenschichten nach. Auf betonierten Flächen wird das Wasser über die Kanalisation in Klärwerke oder zurück in die Gewässer geleitet. Die abschließende Gegenüberstellung kann in ein Gespräch über die Vor- und Nachteile eines betonfreien Schulhofs münden und dazu anregen, den Schulhof umzugestalten.

Lösung

Aufgabe 1:

(1) Es regnet. Der Regen bildet auf der Erde Pfützen.
(2) Das Wasser versickert. Durch den Humus gelangt es in die Sandschicht.
(3) Durch die Sandschicht sickert das Wasser in die Sand-Kies-Schicht.
(4) Die Ton- bzw. Lehmschicht ist für das Wasser undurchlässig. Hier bildet sich das Grundwasser.

Grundwasser

Grundwasser bezeichnet unterirdisches Wasser, das die Hohlräume der Erdrinde zusammenhängend ausfüllt (Poren, Klüfte, Karst). Es unterliegt einer Strömung, was überwiegend auf die Schwerkraft und selbst ausgelöste Reibungskräfte zurückzuführen ist.

Es wird zwischen echtem und unechtem Grundwasser unterschieden: Echtes Grundwasser wird aus Niederschlägen gebildet, unechtes Grundwasser entstammt der Zusickerung aus Oberflächengewässern, z. B. Flüssen oder Seen.

Grundwasser nimmt am Wasserkreislauf teil. Es kann viele Millionen Jahre im Boden verweilen. Sehr alte Grundwässer, z. B. unterhalb der Sahara, werden als fossiles Wasser bezeichnet.

 Wo sammelt sich das Wasser?

KV Seite 46

Bei diesem Versuch erfahren die Schüler, dass es von der Art des Bodens abhängig ist, ob und wie schnell Wasser versickern kann. Böden mit geringem Porendurchmesser und wenigen Hohlräumen sind für Wasser nur schwer zu durchdringen. Die Schüler finden heraus, dass Lehm das Wasser nicht durchsickern lässt, während es die anderen Bodenproben nach und nach durchdringen kann. Lehm hat einen sehr geringen Porendurchmesser. Die Poren sind stark miteinander verbunden und bilden eine undurchlässige Schicht. Um auch Unterschiede zwischen der Durchlässigkeit der anderen drei Bodenarten benennen zu können, bietet es sich an, die Zeit zu stoppen, in der das Wasser die einzelnen Bodenproben durchläuft.

Alternativ können die Blumentöpfe gemäß den Erdschichten übereinandergesetzt werden: Blumenerde (Humus), Sand, Kies, Lehm. Die Kinder erhalten auf diese Weise eine Vorstellung davon, welche Schichten das Wasser durchwandern muss, um sich in der Tiefe schließlich als Grundwasser zu sammeln.

Die zwei Brunnen

KV Seite 47

Diese Kopiervorlage bietet sich als Einstieg in die Frage nach der Nutzung des Grundwassers an. Über Tiefbrunnen beziehen wir auch heute noch unser Trinkwasser. Lassen Sie die Kinder erzählen: Wo haben sie schon einmal Brunnen gesehen? Haben sie schon Wasser aus einem Brunnen getrunken? Kennen sie vielleicht noch andere Brunnen-Geschichten?

Mit der übertragenen Bedeutung der Geschichte setzen sich die Schüler in der zweiten Aufgabe auseinander, indem sie dem ersten Brunnen Tipps für richtiges Verhalten geben.

Lösung

Aufgabe 1:
1. Der erste Brunnen will kein Wasser abgeben, weil er Angst hat, dass eine Dürre kommt.
2. Das Wasser wird schlecht und fängt an zu stinken.
3. Der zweite Brunnen bekommt frisches Wasser aus unterirdischen Quellen.

Wasser braucht Schutz!

KV Seite 48

Die Schüler überlegen, was sie selbst im Alltag zum Wasserschutz beitragen können. Schon kleine Veränderungen machen dabei viel aus. Führen Sie mit Ihren Schülern eine „Testwoche" durch, in der die ganze Klasse auf ihr tägliches Wassernutzungsverhalten achtet und dieses dokumentiert. Die Kinder werten die Ergebnisse gemeinsam aus: Hat sich das Verhalten im Laufe der Zeit geändert? Fühlen sich die Schüler eingeschränkt? Ist es ein gutes Gefühl, etwas für den Umweltschutz zu tun? In einem weiterführenden Gespräch kann darauf eingegangen werden, dass die Landwirtschaft und die Industrie ebenfalls erhebliche Wassermengen verbrauchen.

Lösung

Aufgabe 1:

Baden / Duschen / Körperpflege	45 Liter
Toilettenspülung	34 Liter
Essen und Trinken	5 Liter
Geschirrspülen	7 Liter
Wäschewaschen	15 Liter
Raumreinigung / Garten	8 Liter
Kleingewerbeanteil	11 Liter

(Trinkwasserverwendung im Haushalt 2022; Durchschnittswerte bezogen auf die Wasserabgabe an Haushalte und Kleingewerbe laut Bundesverband der Energie- und Wasserwirtschaft)

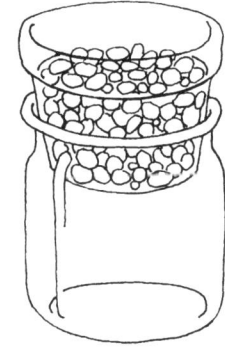

Aufgabe 2:

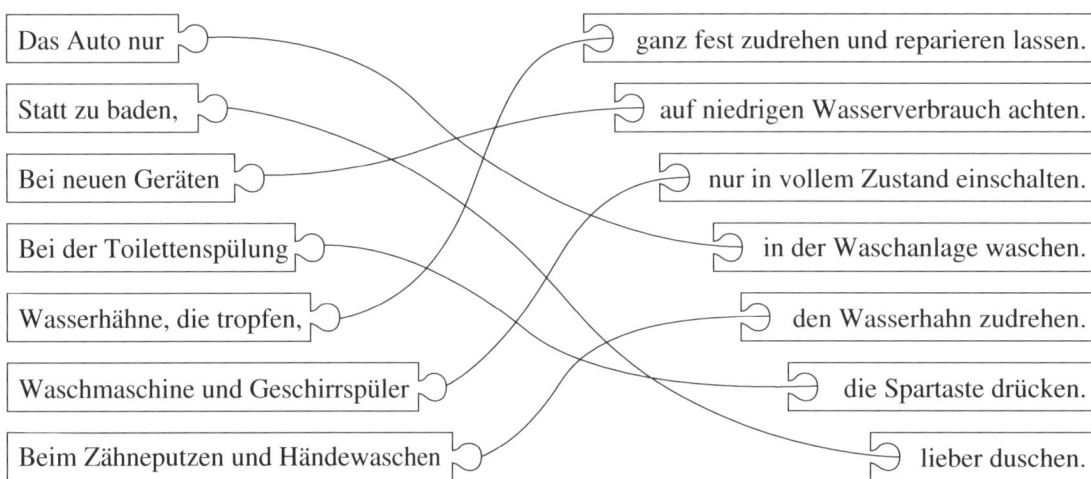

Ein Barometer selbst herstellen

KV Seite 49

Mit ihrem eigenen Barometer können die Schüler nachvollziehen, was Luftdruck ist und wie er sich verändert: Der Luftdruck gibt die Gewichtskraft der Luftsäule an, die auf die Erdoberfläche oder auf einen auf ihr befindlichen Körper drückt. Die Kinder erkennen, dass das Gewicht der Luft immer auf dem Wasser um das Glas herum liegt. Der Wasserstand im Glas ist davon abhängig. Denn ändert sich die Wetterlage und damit der Luftdruck, wirkt sich dies auf das Glasinnere aus: Je höher und stärker der Luftdruck ist, desto mehr Wasser wird ins Glas gedrückt und der Pegel steigt. Je niedriger und schwächer der Luftdruck ist, desto mehr sinkt dieser Pegel.

Lassen Sie die Kinder das Barometer über einen längeren Zeitraum regelmäßig ablesen, sodass sie lernen, mit der Technik umzugehen. Es empfiehlt sich, die Messergebnisse in einer Tabelle festzuhalten und begleitend dazu die Veränderungen des Wetters zu beobachten.

Das Quiz zum Wasserkreislauf

KV Seite 50

Mithilfe dieser Kopiervorlage können Sie überprüfen, ob die Schüler verstanden haben, wie der Wasserkreislauf funktioniert. Damit sich auch lernschwächere Schüler beteiligen können, ist es sinnvoll, dass die Schüler die Aufgaben gemeinsam in Gruppen lösen. Verteilen Sie pro Aufgabe Punkte. Am Ende stellen die Gruppen ihre Ergebnisse vor. Das Team mit der höchsten Punktzahl hat gewonnen und ist „Wasser-Experte".

Lösung
1. ☒ Das Wasser wechselt vom gasförmigen in den flüssigen Zustand.
2. Das verdunstete Wasser fällt als Regen, Schnee oder Hagel wieder auf die Erde.
3.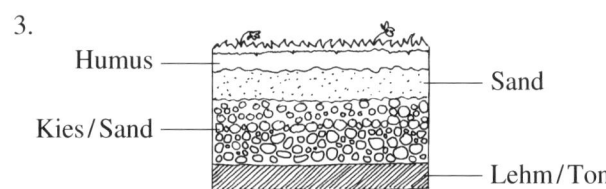
4. ☒ Lehm lässt kein Wasser durchsickern.
5. Das Grundwasser gelangt über eine Quelle wieder an die Erdoberfläche.
6. Wenn es nicht regnet, trocknet der Gartenteich aus.
7. Das Wasser, das verdunstet, gelangt über Regen und Grundwasser wieder an die Erdoberfläche zurück und verdunstet wieder. Dieser Vorgang kann beliebig oft wiederholt werden. Das Wasser verschwindet nicht.

Name:

Wasser läuft im Kreis

💧 **Vollziehe anhand des Bildes den Kreislauf des Wassers nach. Erzähle zum Bild.**

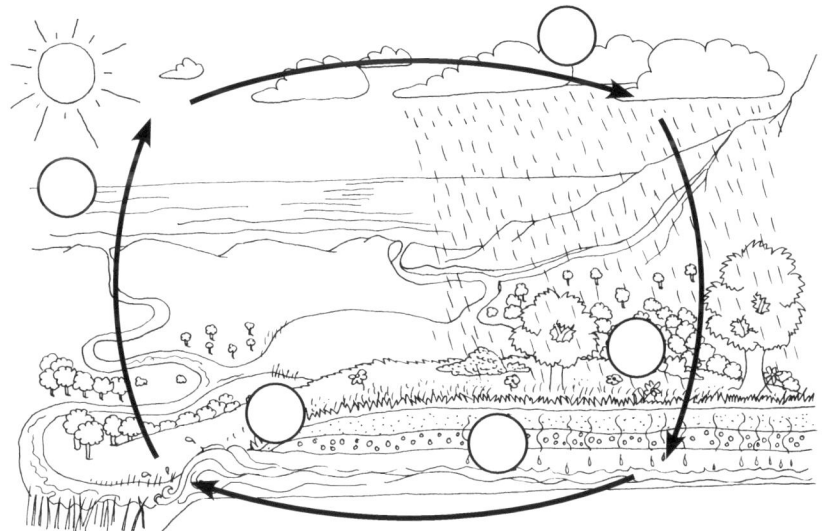

💧 **Trage die passenden Wörter in die Lücken ein.**

regnen   erwärmt   Wasserkreislauf   kondensieren   Quelle
Gewässer   Grundwasser   verdunsten   Erdschicht

① Die Sonne _____ die oberste Schicht des Wassers von Meeren, Seen und Flüssen, aber auch den Tau, der auf Wäldern und Wiesen liegt. Unzählige Wasserteilchen _____ und steigen auf.

② In kühleren Luftschichten _____ sie zu winzigen Tröpfchen. Es entstehen Wolken und es beginnt zu _____.

③ Der eine Teil des Regens fällt direkt zurück in die _____ oder auf die Erde, wird von Pflanzen aufgenommen und verdunstet wieder.

④ Der andere Teil versickert bis zu einer wasserundurchlässigen _____ und bildet das _____.

⑤ Über eine _____ gelangt dieses Wasser wieder an die Oberfläche. Der _____ beginnt von vorn.

💧 **Trage im Bild die Zahlen passend zum Text ein.**

Name:

Mein eigener kleiner Wasserkreislauf

Du brauchst:
- ein großes Einmachglas
- Holzkohle
- Blumenerde
- eine kleine Pflanze
- destilliertes Wasser
- ein Stück Frischhaltefolie
- einen Esslöffel
- ein starkes Gummiband

So wird's gemacht:
1. Fülle in das Einmachglas zuerst Holzkohle und dann Blumenerde.
2. Grabe mit dem Esslöffel ein Loch in die Erde und setze die Pflanze hinein.
3. Gieße die Pflanze vorsichtig mit destilliertem Wasser, sodass die Erde feucht, aber nicht nass wird.
4. Spanne das Stück Frischhaltefolie mit dem kräftigen Gummiband eng über die Öffnung, sodass keine Luft in das Glas kommt.

Beobachte deinen Kreislauf fünf Tage lang. Beschreibe kurz.

1. Tag	
2. Tag	
3. Tag	
4. Tag	
5. Tag	

Vergleiche deine Ergebnisse mit denen deiner Mitschüler.

Name:

Lass es regnen!

Du brauchst:
- eine Kochplatte
- einen Topf mit Glasdeckel
- Wasser
- einen Teller
- einen Kochhandschuh

So wird's gemacht:

1. Fülle den Topf mit Wasser und stelle ihn ohne Deckel auf die Kochplatte.
2. Bringe das Wasser zum Kochen.

   Beschreibe, was du siehst.

   _____
   _____
   _____

3. Setze nun den Glasdeckel auf den Topf und warte etwa zwei Minuten.

   Beschreibe, was du nun beobachtest.

   _____
   _____
   _____

4. Nimm den Deckel vorsichtig mit einem Kochhandschuh ab und halte ihn über den Teller.

   Beschreibe, was passiert.

   _____
   _____
   _____

Name:

Mein Mini-Teich

Du brauchst:
- Sand
- zwei Schüsseln
- einen Glasteller
- Wasser

So wird's gemacht:
1. Lege die Schüsseln mit Sand aus.
2. Schütte Wasser in jede Schüssel, sodass sich jeweils eine kleine Pfütze bildet.
3. Decke eine der Schüsseln mit dem Teller ab, um den Wasserkreislauf zu schließen. Die andere Schüssel bleibt unbedeckt.
4. Stelle beide Schüsseln in die Sonne oder an einen anderen warmen Ort.

💧 **Was passiert? Schreibe zuerst deine Vermutungen auf. Beobachte beide Schüsseln fünf Tage lang und notiere deine Ergebnisse.**

Tag	Schüssel mit Teller		Schüssel ohne Teller	
	Vermutung	Ergebnis	Vermutung	Ergebnis
1				
2				
3				
4				
5				

💧 **Was geschieht mit einem Teich, wenn es nicht mehr regnet? Erkläre.**

_____

_____

Name:

Wohin geht das Regenwasser?

Es hat aufgehört zu regnen. Überall sind Pfützen und Matsch.

💧 **Beschreibe den Weg des Regenwassers durch die verschiedenen Bodenschichten.**

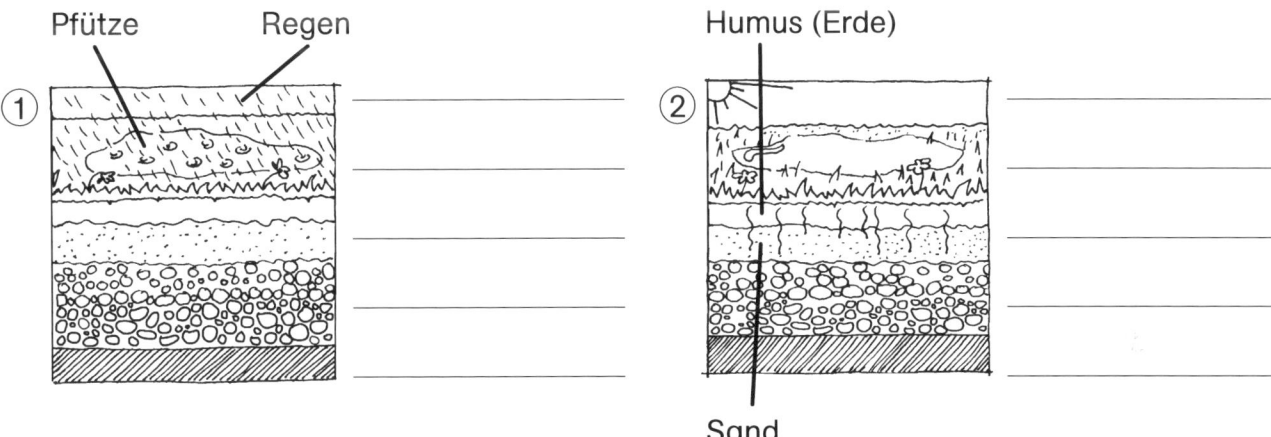

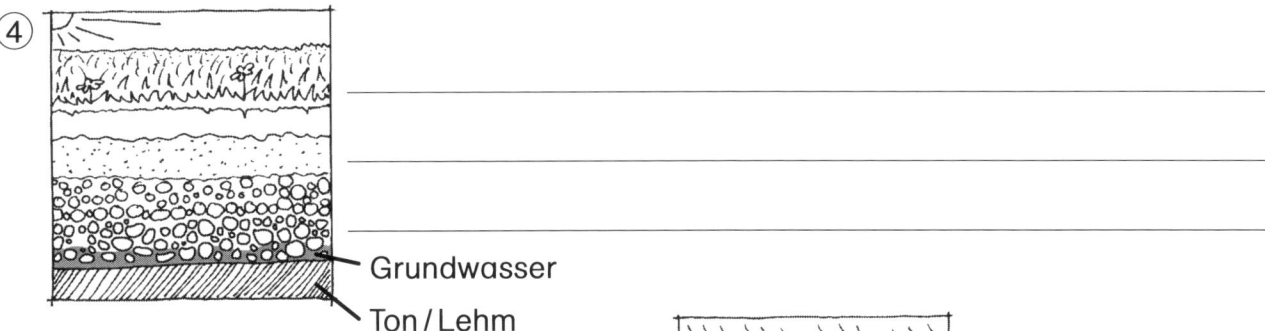

💧 **Wohin geht das Wasser in der Stadt? Sprecht darüber in der Klasse.**

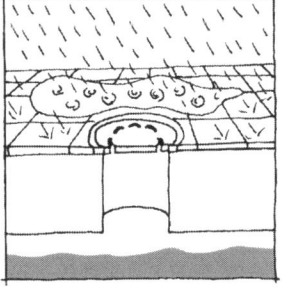

Name:

Wo sammelt sich das Wasser?

Du brauchst:
- vier gleich große Einmachgläser
- vier gleich große Blumentöpfe aus Plastik mit Löchern im Boden
- Blumenerde, Lehm, Kies, Sand
- eine Gießkanne mit Wasser

So wird's gemacht:

1. Fülle jeden Blumentopf bis zum unteren Rand mit einer Bodenart: Blumenerde, Lehm, Kies und Sand. Beschrifte die Töpfe.
2. Setze jeden Topf in die Öffnung eines Einmachglases.
3. Gieße jeden Topf mit der gleichen Menge Wasser und warte ein paar Minuten.

💧 **Wo bleibt das Wasser? Schreibe deine Beobachtungen in die Tabelle.**

Blumenerde	Lehm	Kies	Sand

Name:

Die zwei Brunnen

Es waren einmal zwei Brunnen.
Der eine Brunnen wollte von seinem Wasser
nichts abgeben. Er hatte Angst, eine Dürre könnte kommen.
Für die sparte er sein Wasser. Doch das Wasser stand im Brunnen,
wurde schlecht und fing bald an zu stinken.
Niemand wollte mehr Wasser aus diesem Brunnen nehmen.

Der andere Brunnen sprudelte vor Wasser beinahe über.
An eine Dürre dachte er nicht. Deshalb gab er immer weiter
von seinem frischen, klaren Wasser ab. Er wurde nicht leer,
denn viele unterirdische Quellen speisten ihn immer
wieder neu. Und weil sein Wasser so sauber
und köstlich war, wollten alle aus dem
Brunnen trinken.

Beantworte die folgenden Fragen zum Text:

1. Warum möchte der eine Brunnen sein Wasser für sich behalten?

___

2. Was passiert mit dem ersten Brunnen?

___

3. Warum wird der zweite Brunnen nie leer?

___

Was würdest du dem ersten Brunnen raten? Schreibe in dein Heft.

Name:

Wasser braucht Schutz!

In Deutschland verbraucht eine Person rund 125 Liter Wasser pro Tag. Das sind knapp 13 Zehnlitereimer.

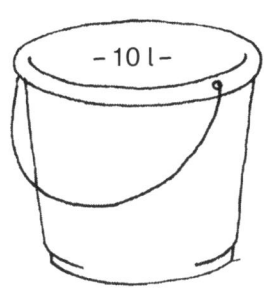

 Wie viele Liter werden wohl täglich für folgende Tätigkeiten benötigt? Trage die Zahlen in die Tabelle ein. Vergleicht eure Ergebnisse.

7 Liter   34 Liter

45 Liter   8 Liter

5 Liter   15 Liter

Baden / Duschen / Körperpflege	
Toilettenspülung	
Essen und Trinken	
Geschirrspülen	
Wäschewaschen	
Raumreinigung / Garten	
Kleingewerbeanteil	11 Liter

 Was kannst du machen, um Wasser zu sparen? Ordne zu und verbinde.

Das Auto nur	ganz fest zudrehen und reparieren lassen.
Statt zu baden,	auf niedrigen Wasserverbrauch achten.
Bei neuen Geräten	nur in vollem Zustand einschalten.
Bei der Toilettenspülung	in der Waschanlage waschen.
Wasserhähne, die tropfen,	den Wasserhahn zudrehen.
Waschmaschine und Geschirrspüler	die Spartaste drücken.
Beim Zähneputzen und Händewaschen	lieber duschen.

 Entwirf einen Anstecker, der dazu aufruft, das Wasser zu schützen. Male in den Kreis.

Ein Barometer selbst herstellen

Du brauchst:
- ein Glas
- Wasser
- einen Suppenteller
- drei gleich große Münzen

So wird's gemacht:

1. Fülle das Glas bis zum Rand mit Wasser.
2. Drehe den Suppenteller um und lege ihn auf den Glasrand.
3. Drücke beides fest aufeinander, damit kein Wasser auslaufen kann, und drehe das Glas mit dem Teller zusammen um. Das Glas steht nun auf dem Kopf.
4. Hebe das Glas etwas an und lass ungefähr die Hälfte des Wassers in den Suppenteller laufen.
5. Schiebe die drei Münzen unter den Glasrand, sodass ein kleiner Spalt bleibt. Fertig ist das Barometer!

💧 **Stelle dein Barometer an einen schattigen Platz.**

> **Steigt** der Wasserstand im Glas, herrscht hoher Luftdruck. Das Wetter ist schön.
>
> **Sinkt** der Wasserstand im Glas, zieht ein Tiefdruckgebiet heran und bringt schlechtes Wetter.

💧 **Warum kannst du am Wasserstand ablesen, wie sich das Wetter verändert? Erkläre.**

💧 **Beobachte den Luftdruck mehrere Tage lang und markiere den Wasserstand außen am Glas. Fülle gelegentlich etwas Wasser in den Suppenteller nach, damit der Wasserstand nicht unter den Rand des Glases sinkt.**

Name:

Das Quiz zum Wasserkreislauf

💧 **Beantworte die folgenden Fragen:**

1. Was bezeichnet man als Kondensation? Kreuze an.
   - ☐ Das Wasser wechselt vom flüssigen in den festen Zustand.
   - ☐ Das Wasser wechselt vom flüssigen in den gasförmigen Zustand.
   - ☐ Das Wasser wechselt vom gasförmigen in den flüssigen Zustand.

2. In welcher Form kommt das verdunstete Wasser wieder auf die Erde zurück?

   _____

3. Wie heißen die einzelnen Bodenschichten? Schreibe auf die Linien.

4. Wie verhält sich Lehm zu Wasser? Kreuze an.
   - ☐ Lehm weist das Wasser ab.
   - ☐ Lehm lässt kein Wasser durchsickern.
   - ☐ Lehm speichert das Wasser.

5. Wie gelangt das Grundwasser wieder an die Erdoberfläche?

   _____

6. Was geschieht mit einem Gartenteich, wenn es lange nicht regnet?

   _____

7. Wieso spricht man vom Kreislauf des Wassers? Erkläre.

   _____

   _____

4. Kapitel: Leben am und im Wasser

Vorbemerkung

Meer, Fluss, Bach, See oder Teich – Wasser bietet zahlreiche Lebensräume für die verschiedensten Tiere und Pflanzen, die sich jeweils an die spezifischen Bedingungen angepasst haben. Die Flüsse und Seen in ihrer näheren Umgebung sind den Schülern sicherlich vom sommerlichen Baden bekannt. Doch ist ihnen auch bewusst, in was für ein vielfältiges und stark vernetztes Ökosystem sie da eintauchen? Kennen sie die Tiere und Pflanzen, die im und am Wasser leben?

In diesem Kapitel lernen die Schüler anschaulich und spielerisch typische Vertreter der Wasserflora und -fauna kennen. Sie begreifen, wie sich das jeweilige Tier an seinen Lebensraum angepasst hat und in welchem Maß die Lebewesen in einem Ökosystem voneinander abhängen. Das Material stellt immer wieder Bezüge zur Lebenswelt der Schüler her und verbindet theoretisches Wissen mit Forscheraufträgen sowie Vorschlägen für Unterrichtsgänge und Erleben in der Natur.

Lehrplanbezug

Sachunterricht
- Tiere am und im Gewässer unterscheiden und benennen
- Pflanzen am und im Gewässer unterscheiden und benennen
- Angepasstheit eines Tieres an das Leben am und im Wasser beobachten
- Achtung und Verantwortung gegenüber Tieren und Pflanzen entwickeln
- Tierspuren erkennen
- Verhaltensregeln am Gewässer und auf dem Eis entwickeln

Deutsch
- Sachtexten gezielt Informationen entnehmen
- Zu Bildern Geschichten schreiben
- Mit Worten spielen
- Zusammenhänge zwischen Bild und Text herstellen

Ethik
- Bereitschaft entwickeln, sich für den Schutz von Tieren und Pflanzen einzusetzen

Kunst
- Wahrnehmen, Beobachten und Mitteilen des Aussehens, des Verhaltens, des Lebensraumes von Tieren

Zu den Kopiervorlagen

KV Seite 57 — **Meer, See und Fluss**

Anhand der einführenden Texte bekommen die Schüler einen allgemeinen Überblick über verschiedene Gewässerarten sowie Tiere und Pflanzen, die dort zu finden sind. Mithilfe der folgenden Kopiervorlage wird das Textverständnis überprüft.

In einem einleitenden Unterrichtsgespräch können die Schüler ihr Vorwissen einbringen: Was unterscheidet das Meer vom Teich? Welche Tiere und Pflanzen, die in und an verschiedenen Gewässern leben, kennen sie schon? Gegebenenfalls können die Kinder ihre eigene Vorstellung von den verschiedenen Gewässerarten auch in einem Bild ausdrücken: Wart ihr schon mal an einem See, Fluss oder am Meer? Malt dazu ein Bild. Die Bilder werden anschließend gezeigt und die Kinder erzählen dazu.

KV Seite 58 — **Wasser ist nicht gleich Wasser**

Mithilfe der drei kurzen Infotexte „Meer, See und Fluss" können die Schüler die Aufgaben auf dieser Kopiervorlage lösen. Während das Meer als Lebensraum gegen die anderen beiden Gewässerarten relativ gut abzugrenzen ist, gibt es bei den stehenden und fließenden Binnengewässern viele Überschneidungen. Ob sie sich als Lebensraum für Tiere und Pflanzen eignen, ist von verschiedenen Faktoren abhängig: z. B. von der Wassertemperatur, in Flüssen und Bächen von der Fließgeschwindigkeit und von der Nähe zur Quelle oder Mündung. Dieses sollte in einem sich anschließenden Unterrichtsgespräch geklärt werden. Beispiele für Tiere, die in mehreren Gewässern anzutreffen sind, finden sich in den Texten (Biber, Frosch). Lassen Sie die Schüler außerdem Vermutungen darüber äußern, inwiefern sich die Lebensbedingungen in einem schnell fließenden Fluss von denen in einem stehenden Gewässer unterscheiden. Dieses kann am Beispiel der Seerose erklärt werden (zur Anpassung an verschiedene Lebensräume siehe auch KV Seite 63).

Lösung
Aufgabe 1:

	richtig	falsch
Teiche und Seen bezeichnet man als stehende Gewässer.	X	
Meere sind meistens Süßgewässer.		X
Im Meer leben dieselben Tiere wie in Seen und Flüssen.		X
Große Ströme fließen ins Meer.	X	
Teiche werden von Menschen künstlich angelegt.	X	

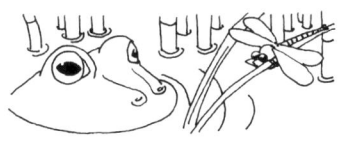

Aufgabe 2:

Aufgabe 3:

Meer	Teich/See	Bach/Fluss
Tang	Wasserläufer	Fischotter
Seestern	Teichfrosch	Bachforelle
Koralle	Seerose	Auwald
Robbe	Biber	Biber

 Versteckt – entdeckt!

KV Seite 59

Für die unteren Jahrgangsstufen bietet sich dieses Bild als Einstieg ins Thema an: Die Suche nach dem kleinen Frosch schult die Konzentrationsfähigkeit der Kinder. Schnellere Schüler können das Bild ausmalen oder den noch Suchenden Tipps geben. Anschließend lernen die Kinder die Namen einiger Tiere und Pflanzen im und am Teich kennen und wenden diese anschließend in einer kurzen Beschreibung des Bildes an.

Gegebenenfalls können Sie die Schüler bei einem Unterrichtsgang an ein nahe gelegenes Gewässer auf das Thema einstimmen: Die Kinder nehmen die Teich-/Bachumgebung mit jedem Sinn bewusst wahr und beschreiben ihre Eindrücke. Mit verbundenen Augen ertasten und erriechen sie Blüten, Gräser, Sand oder Steine. Was hören sie, wenn sie die Augen schließen? Was sehen sie, wenn sie die Augen wieder öffnen? Etwas aufwendiger in der Vorbereitung ist es, mit vorbereiteten Geräusch-, Tast- und Geruchsproben im Klassenzimmer zu arbeiten.

Lösung
Aufgaben 1/2:

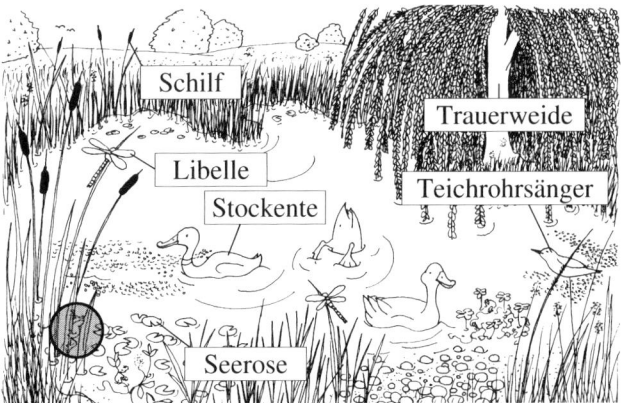

Aufgabe 3:
Auf dem Teich schwimmen Stockenten. Im Schilf hat sich ein kleiner Frosch versteckt. Libellen schwirren umher. Ein Teichrohrsänger guckt aufs Wasser. Am Ufer steht eine Trauerweide.

 Wer bin ich?

KV Seite 60/61

Mithilfe der Bildkarten erweitern die Schüler ihr Wissen über ausgewählte Tiere im und am Wasser. Zunächst prägen sie sich in Einzel- oder Partnerarbeit die Informationen zu den Bildern ein und fragen sie in Partnerarbeit wieder ab. Dabei muss darauf geachtet werden, dass der Partner das Bild nicht sehen kann.

Alternativ bietet sich auch ein spielerisches Abfragen in der Klasse an: Teilen Sie die Klasse in zwei Teams ein. Lesen Sie die Informationen zu den Tieren vor. Welche Gruppe errät das Tier zuerst? Als Steigerung können nur einzelne Sätze vorgelesen werden. Die Anzahl der Punkte richtet sich nach der Anzahl der vorgelesenen Sätze: Errät ein Team das jeweilige Tier schon nach dem ersten Satz, bekommt es drei Punkte, nach dem zweiten Satz zwei Punkte und nach dem letzten Satz nur noch einen Punkt. Bei einem längeren Text wird die Anfangspunktzahl entsprechend erhöht.

Weiterführend können die Schüler in Tierbüchern oder im Internet selbst interessante Wassertiere recherchieren und zu diesen Steckbriefe anfertigen. Diese werden dann für alle sichtbar im Klassenraum aufgehängt.

 Spuren im Sand

KV Seite 62

Am Ufer von Seen und Flüssen finden sich Spuren – und zwar nicht nur von Wassertieren …

Lösung
Aufgabe 1:

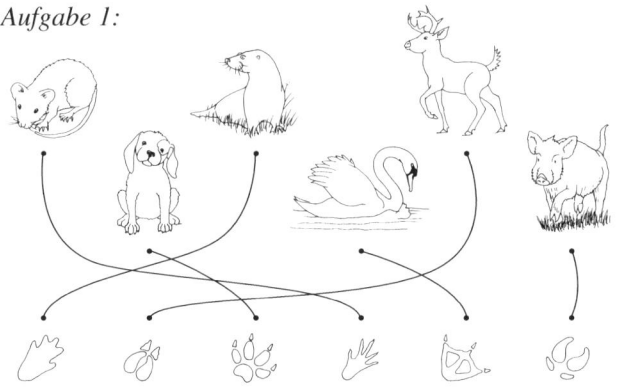

Lebensraum Teich

KV Seite 63

Jedes Gewässer bietet zahlreiche Lebensräume, an die die dort lebenden Tiere und Pflanzen perfekt angepasst sind. Am Beispiel des Teiches erfassen die Kinder den Zusammenhang zwischen Körperbau bzw.

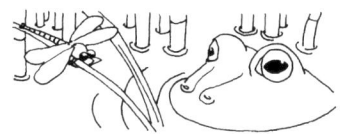

Lebensweise der Tiere und ihrem spezifischen Lebensraum. Gegebenenfalls können die Steckbriefe der Tiere (KV Seite 60/61) hinzugezogen werden.

Lassen Sie die Kinder die Lebensräume für weitere Tiere im und am Wasser recherchieren. Mit etwas mehr Aufwand kann der Vertikalschnitt eines Teiches auf ein großes Plakat übertragen werden. Die Tiere können – großkopiert und ausgeschnitten – an ihren jeweiligen Platz geklebt oder gemalt werden.

Lösung
Aufgabe 1:

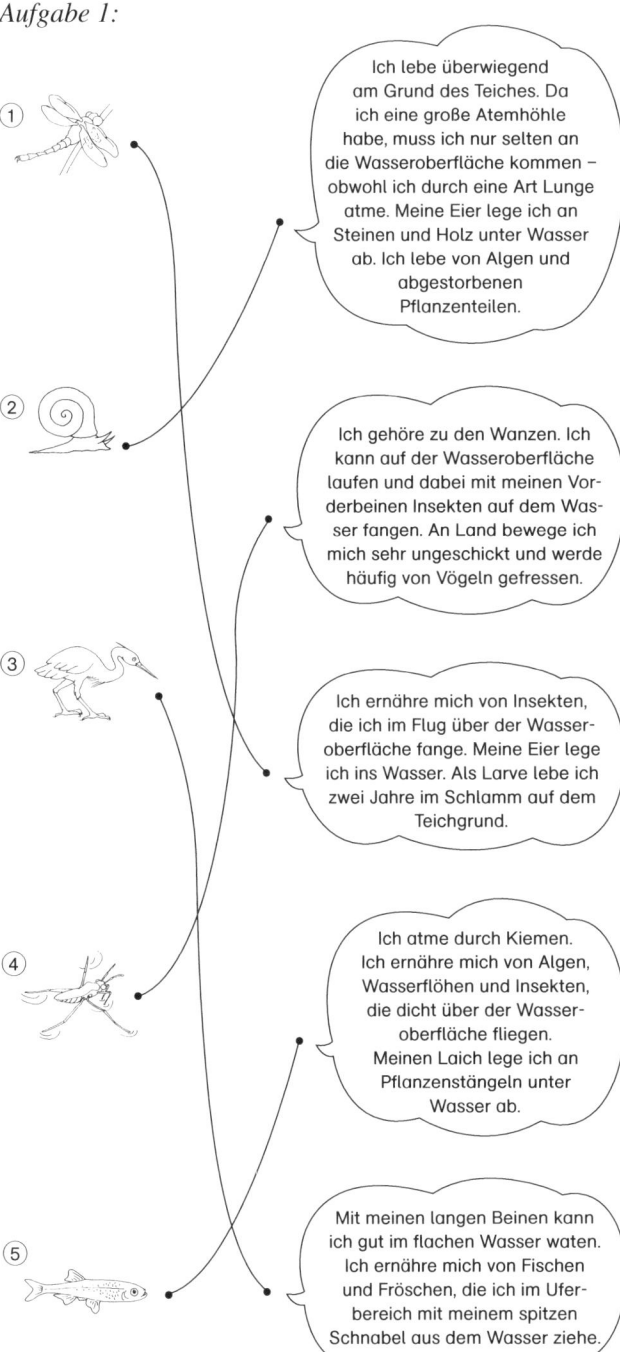

Aufgabe 2:

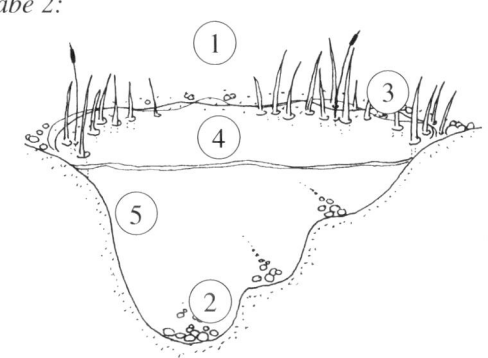

KV Seite 64 — Wovon ernähren sich diese Tiere?

Die Schüler verbinden die Tiere mit ihrem Futter und kreisen zur Verdeutlichung beides mit der gleichen Farbe ein. Anschließend benennen die Kinder die abgebildeten Tiere. Mit der dritten Aufgabe machen sich die Schüler das Prinzip einer einfachen Nahrungskette bewusst.

Hieran kann sich ein Gespräch über die vielfachen Verkettungen innerhalb eines Ökosystems und über Störungen durch den Menschen anschließen (siehe auch KV „Richtiges Verhalten am Wasser" Seite 73).

Lösung
Aufgaben 1/2:

 Graureiher: Fische und Frösche

 Laubfrosch: Insekten

 Fischotter: kleine Säugetiere, Fische, Frösche und Krebse

 Flusskrebs: Würmer

 Posthornschnecke: abgestorbene Pflanzenteile

 Stockente: Wasserpflanzen und kleine Wassertiere

Aufgabe 3:
Graureiher → Frosch → Insekten
Fischotter → Flusskrebs → Würmer

KV Seite 65 — Von der Kaulquappe zum Frosch (Domino)

Obwohl sie anfangs wie Fische aussehen, sind Kaulquappen kleine Frösche. Mit fortschreitender Metamorphose wird der Frosch immer deutlicher erkennbar. Unternehmen Sie im Frühjahr mit Ihrer Klasse eine Exkursion an einen nahe gelegenen Teich. Mit großer

Wahrscheinlichkeit lassen sich dort bald nach der Laichablage Kaulquappen beobachten. Die Schüler können sich die Entwicklung anhand des Dominos selbstständig erarbeiten.

Lösung

Start		Im Frühjahr wandern Frösche, Kröten und Unken zu dem Teich, in dem sie selbst geschlüpft sind. Dort paaren sie sich.
Das Weibchen legt die Eier, den sogenannten Laich, im Wasser ab.		Nach etwa drei Wochen schlüpfen die Kaulquappen. Wie Fische haben sie einen Schwanz und atmen durch Kiemen.
Im Frühsommer wachsen den Kaulquappen Hinterbeine.		Schon bald bekommen die Kaulquappen Vorderbeine, ein richtiges Froschmaul und einen kürzeren Schwanz.
Der fast fertige Frosch hat noch einen kleinen Schwanz und atmet über die Lunge.	Ende	

 Die Bachforelle – ein Räuber
Seite 66

Die Kinder setzen sich mit dem Körperbau einer Forelle auseinander und beschriften die einzelnen Bestandteile. Der Lückentext liefert ihnen weitere Informationen zur Nahrung der Bachforelle und zu Funktionen des Körperbaus.

Lösung

Aufgabe 1:

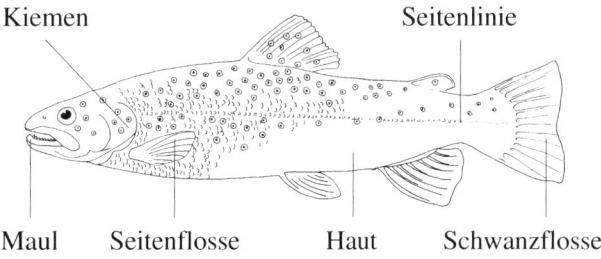

Aufgabe 2:
Die Bachforelle ist ein Raubfisch. Mit den kleinen, <u>scharfen</u> Zähnen macht sie Jagd auf ihre Beute: <u>Insekten, kleine Fische, Krebstiere und Schnecken</u>. Mit ihren <u>Kiemen</u> filtert sie den Sauerstoff zum Atmen aus dem Wasser. Beim Schwimmen schlägt die <u>Schwanzflosse</u> wie ein Paddel hin und her. Zum Lenken benutzt sie die <u>Seitenflossen</u>. Ihr stromlinienförmiger Körper und ihre mit <u>Schleim</u> überzogene Haut lassen sie leicht durchs Wasser gleiten. Die <u>Schuppen</u> haben auf den Seitenlinien viele kleine Poren, die Teil eines weiteren Sinnesorganes der Fische sind. Das Organ hilft ihnen dabei, Hindernisse zu umschwimmen.

Pflanzen im und am Gewässer
Seite 67

Anhand der Wissenskarten eignen sich die Schüler grundlegende Kenntnisse über einige Sumpf- und Wasserpflanzen an. Diese können mit dem Memory (KV Seite 68) überprüft werden. Gegebenenfalls können die Kinder ihr Wissen auch bei einem Unterrichtsgang an einen Teich oder See anwenden. Finden sie weitere Pflanzen, können die Schüler zu diesen mithilfe von Bestimmungsbüchern oder dem Internet selbst Wissenskarten anfertigen.

Pflanzen-Memory
Seite 68

Indem die Schüler die Pflanzennamen beim Memoryspiel zusammensetzen, prägen sie sich diese nachhaltiger ein. Leistungsstarke Schüler spielen eine Variante: Wer ein Pflanzenpaar gefunden hat, muss, um es behalten zu dürfen, ein oder zwei Informationen über die betreffende Pflanze nennen. Gelingt es ihm nicht, werden die Karten wieder zurückgelegt.

Gegebenenfalls können die Kinder die Blankokarten selbst gestalten und das Spiel durch eigene Wasserpflanzenkarten ergänzen.

 Eine Wasserblume aus Papier
Seite 69

Diese Papierblume „erblüht", wenn sie ins Wasser gelegt wird. Etwas Fingerspitzengefühl ist jedoch nötig, damit sie nicht direkt beim Auflegen auf die Wasseroberfläche untergeht. Halten Sie deshalb sicherheitshalber ausreichend Papier bereit, damit die Schüler sich notfalls neue Blumen basteln können.

Lösung

Wie bei einer <u>Luftmatratze</u> gibt es in dem Papier deiner Blume viele <u>Hohlräume</u>. Diese füllen sich mit <u>Wasser</u>: Deine Blume geht auf.

Auch Pflanzen haben Durst
KV Seite 70

Dieses Experiment macht am Beispiel der Selleriestange deutlich, wie Pflanzen Wasser aufnehmen. Die Tinte verteilt sich in den Wassergefäßen bis hoch in die Blätter.

Das Prinzip ist einfach: Pflanzen trinken mit ihren Gefäßen wie wir durch einen Strohhalm und saugen das Wasser nach oben. Dort verdunstet das Wasser, während die Tinte sich ablagert. So werden die haarfeinen Kanäle sichtbar.

Eine Unterwasserlupe bauen
KV Seite 71

Machen Sie mit Ihrer Klasse eine Exkursion zu einem nahe gelegenen Gewässer und lassen Sie die Schüler den Umgang mit den Lupen üben. Die Lupen können auch zur Überprüfung der Wasserqualität (siehe KV „Wie sauber ist das Wasser?") eingesetzt werden.

Wie sauber ist das Wasser?
KV Seite 72

Die Qualität von Fließgewässern bestimmt man mithilfe des sogenannten Saprobienindexes (d. h. die im Wasser aufgefundenen Kleinstlebewesen dienen als Bioindikator). Man unterscheidet inzwischen fünf Gewässergütestufen und drei Zwischenstufen, sodass eine biologische Klassifikation nach acht Stufen möglich ist – von unbelastet bis ökologisch zerstört.

An einem nahe gelegenen Bach können die Schüler selbst die Gewässergüte überprüfen. Dazu benötigen sie neben dem Beobachtungsbogen und der selbst gebauten Unterwasserlupe (siehe KV Seite 71) folgende Ausrüstung: Larven setzen sich häufig unter Steinen oder Ästen ab. Sie können gut mit einem Borstenpinsel abgetragen werden. Außerdem sollten die Kinder einen kleinen, engmaschigen Kescher mitnehmen, um weitere Kleinstlebewesen zu entnehmen. Diese können in verschiedenen Behältnissen, z. B. in Marmeladengläsern, transportiert und gegebenenfalls später unter einem Mikroskop zugeordnet werden.

Richtiges Verhalten am Wasser
KV Seite 73

Diese Kopiervorlage thematisiert sowohl richtiges als auch falsches Verhalten am Ufer eines Gewässers. Die Kinder interpretieren die Bilder und formulieren passende Regeln mit eigenen Worten.

Lösung

Aufgabe 1:
Die Kinder auf den ersten beiden Bildern verhalten sich falsch. Das Mädchen auf dem dritten Bild verhält sich richtig.

Aufgabe 2:
1. Halte das Wasser und seine Umgebung sauber!
2. Laufe nicht durchs Schilf! Du könntest Tiere stören.
3. Beobachte Tiere nur aus der Ferne und verhalte dich leise!

Kalt erwischt!
KV Seite 74

Im Winter können sich auch Menschen auf dem Wasser bewegen – wenn es in gefrorenem Zustand die richtige Dicke hat. Leider passieren immer wieder Unfälle, weil sich Kinder und Erwachsene nicht an wichtige Regeln halten. Das Bild dient als Schreibanlass: In die Geschichte können die Kinder auch eigene Erfahrungen einfließen lassen. Anschließend werden in Partnerarbeit Regeln formuliert: Wann darf ich mich ohne Bedenken aufs Eis wagen? Wie verhalte ich mich, wenn ich einbreche? Wie verhalte ich mich, wenn ich beobachte, dass ein anderer ins Eis eingebrochen ist?

Viele Ortsverbände des DLRG bieten ein Training für das richtige Verhalten in solchen Notsituationen an. Unter *www.dlrg.de* finden Sie unter dem Stichwort „Informieren" die wichtigsten Eisregeln auch zum Ausmalen.

Beispiellösung

Aufgabe 2:
1. Betritt einen See erst, wenn das Eis darauf dick genug ist (15 cm bei stehenden, 20 cm bei fließenden Gewässern).
2. Informiere dich über die Tragfähigkeit des Eises im Radio oder in der Zeitung.
3. Verlasse das Eis, wenn es anfängt zu knacken.
4. Lege dich flach aufs Eis und bewege dich vorsichtig Richtung Ufer, wenn du einzubrechen drohst.
5. Hilf anderen, wenn sie Hilfe brauchen. Bringe dich dabei nicht selbst in Gefahr.

6. Um das Gewicht zu verteilen, rette andere mit einem Schlitten (einem Brett, einer Leiter).
7. Wärme den Geretteten mit Decken und trockener Kleidung.
8. Rufe nach der Rettung einen Notarzt.

 Gibt es mich wirklich?

Diese Kopiervorlage kann zur Überprüfung des Wissens über Tiere und Pflanzen am und im Wasser genutzt werden oder als sprachliche Übung zwischendurch zum Einsatz kommen. Für leistungsschwächere Schüler können Sie die gesuchten Buchstaben vorgeben: A, R, K, H, M, L, N, G. Im Anschluss an die Übung erfinden die Kinder eigene Rätsel zu ihnen bekannten Wassertieren und Wasserpflanzen.

Lösung
Aufgaben 1/2:
Tiere: Bachstelze, Posthornschnecke, Moderlieschen, Wasserläufer, Graureiher
Pflanzen: Pfeilkraut, Seerose, Wassernuss

 Wassertier-Schnipsel

Auch diese Kopiervorlage kann zur spielerischen Überprüfung und Festigung von Wissen eingesetzt werden: Mit diesem Bilderspiel setzen die Kinder die durcheinandergeratenen drei Tiere in drei Teilen richtig zusammen. Anschließend benennen sie das jeweilige Tier und schreiben auf, was sie über Lebensraum und Lebensform des Tieres wissen.

Als Erweiterung können die Schüler weitere Tiere aufzeichnen und verschnipseln. Es bieten sich verschiedene Spielvarianten an: In Kleingruppen können die Kinder ihre Tierschnipsel zu seltsamen Fantasietieren zusammensetzen und dazu Namen erfinden. Oder lassen Sie die Kinder gemeinsam ein „Triospiel" entwerfen, in dem es analog zum Memory darum geht, die richtigen drei Teile zu einem Tier zu finden. Wer die meisten Tripletts hat, ist „Triosieger".

Lösung
Aufgaben 1/2:

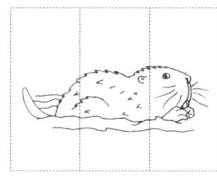 Der Biber ist ein Säugetier. Er lebt an stehenden oder fließenden Gewässern. Er hat einen breiten Schwanz und baut Dämme im Wasser. Er kann sogar Bäume fällen. Heute steht er unter Artenschutz.

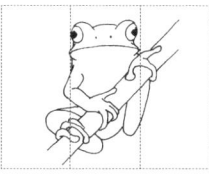 Der Laubfrosch lebt an stehenden oder fließenden Gewässern. Er lebt an Land und legt seine Eier im Wasser ab. Er frisst Insekten. Seine Jungtiere heißen Kaulquappen.

 Die Stockente lebt im Süßwasser. Sie frisst Wasserpflanzen und kleine Wassertiere. Die Männchen sind bunt, die Weibchen sind dunkelbraun. Die Schwimmfüße und Beine sind orange.

Meer, See und Fluss

💧 **Lies die drei Texte.**

Das Meer
Meere sind die miteinander verbundenen Gewässer der Erde, die die Kontinente umgeben. Es gibt Ozeane, z. B. den Atlantik, und Nebenmeere wie die Nord- oder Ostsee. Meere haben eine große Oberfläche. Sie sind salzig und ständig in Bewegung. Sie können sehr tief sein (an der tiefsten Stelle über 11 000 Meter!).
Im und am Meer leben viele verschiedene Tiere, z. B. Seesterne, Korallen, Krebse, Muscheln, Fische wie der Hering oder der Rotbarsch, Möwen, Robben und Wale. Im Meer findet man außerdem einige Pflanzen wie Seegras, Algen und Tang.

Teich, See und Co
Pfützen, Tümpel, Teiche, Weiher und Seen sind stehende Gewässer. Sie unterscheiden sich durch ihre Größe und Tiefe sowie die Art der Entstehung und der Wasserführung. Pfützen und Tümpel sind sehr klein und trocknen zeitweise aus. Der größte See Deutschlands, der Bodensee, hat insgesamt eine Fläche von 536 km² und führt ständig Wasser. Teiche werden vom Menschen künstlich angelegt. So gibt es z. B. Garten- und Fischteiche. Häufig findet man im und am Weiher, Teich oder See folgende Tiere: Frösche, verschiedene Fische, Vögel wie die Ente oder den Haubentaucher und Insekten wie die Libelle oder den Wasserläufer. Typische Pflanzen sind Seerosen, Schilf und Gräser.

Fluss, Bach und Co
Aus einer Quelle wird ein kleines Rinnsal, dieses wird irgendwann zu einem etwas größeren fließenden Gewässer, dem Bach. Viele Bäche fließen in einen Fluss. Flüsse sind noch etwas größer und oft so tief, dass Schiffe darauf fahren können. Flüsse werden zu großen Strömen, die an einer Mündung ins Meer fließen. Die meisten fließenden Gewässer führen Süßwasser.
In und an Bächen findet man häufig Krebse, Frösche, verschiedene Fische, wie z. B. die Bachforelle, und Fischotter. Dort wachsen unterschiedliche Gräser und Weiden. In und an Flüssen und Strömen leben viele Fisch- und Vogelarten und der Biber, den man auch an stehenden Gewässern trifft. Am Ufer wachsen Gräser, Sträucher und Auwald.

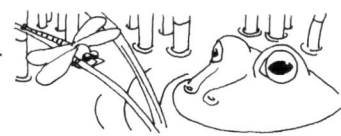

Name:

Wasser ist nicht gleich Wasser

Meer, See oder Fluss sind unterschiedliche Lebensräume.

💧 **Richtig oder falsch? Kreuze an.**

	richtig	falsch
Teiche und Seen bezeichnet man als stehende Gewässer.	☐	☐
Meere sind meistens Süßgewässer.	☐	☐
Im Meer leben dieselben Tiere wie in Seen oder Flüssen.	☐	☐
Große Ströme fließen ins Meer.	☐	☐
Teiche werden von Menschen künstlich angelegt.	☐	☐

💧 **In den Wortschlangen verbergen sich elf Tiere und Pflanzen, die im und am Wasser leben. Kreise sie ein.**

otifischottervftutangkafesseesternagelbachforellebrau

wasserläuferlustikorallemarriteichfrosch

zorseerosevtuauwaldnagefingrobbezulibiberrasst

💧 **Wo findest du diese Tiere und Pflanzen überwiegend? Schreibe in die Tabelle. Achtung! Ein Tier musst du doppelt eintragen.**

Meer	Teich / See	Bach / Fluss

Name:

Versteckt – entdeckt!

💧 **Finde den kleinen Frosch, der sich am Teich versteckt, und kreise ihn ein.**

💧 **Ordne den Tieren und Pflanzen die richtigen Namen zu. Schreibe in die Kästen.**

Trauerweide   Stockente   Seerose

   Libelle   Teichrohrsänger   Schilf

💧 **Beschreibe das Bild.**

Materialien für den Unterricht: Sandra Noa, Wasser in der Grundschule © Hase und Igel Verlag, München

Wer bin ich? (1)

💧 **Schneide alle Doppelkarten an der gestrichelten Linie aus. Klappe sie so um, dass das Bild auf der Vorderseite und der Text auf der Rückseite ist. Klebe sie zusammen.**

💧 **Lies deinem Partner den Text vor und lass ihn das Tier erraten. Wechselt euch ab.**

✂

(Schnecke)	Posthornschnecke	Obwohl ich im Wasser lebe, atme ich mit einer Art Lunge. Ich habe ein Gehäuse. Auf meinem Speiseplan stehen abgestorbene Pflanzenteile. Ich halte die Gewässer sauber. Ohne mich würden die Seen, Teiche und Flüsse vermodern und stinken.
(Ente)	Stockente	Ich lebe im Süßwasser und bin ein Schwimmvogel. Bei uns sind die Männchen bunt, die Weibchen dunkelbraun. Meine Schwimmfüße und Beine sind orange. Ich fresse gern Wasserpflanzen und kleine Wassertiere.
(Frosch)	Laubfrosch	Ich bin bräunlich-golden bis hellgrün gefärbt und ungefähr 5 cm groß. Obwohl ich an Land lebe, lege ich meine Eier im Wasser ab. Meine Jungtiere heißen Kaulquappen. Ich ernähre mich von Insekten.
(Wasserläufer)	Wasserläufer	Ich gehöre zu den Insekten und werde 1 bis 2 cm groß. Stehende Gewässer wie Seen und Teiche gehören zu meinem Lebensraum. Ich kann auf dem Wasser laufen und ernähre mich von kleinen Insekten, die auf dem Wasser schwimmen. Den Winter über bin ich an Land.
(Otter)	Fischotter	Ich zähle zu den Säugetieren. Mein Körper ist mit Schwanz bis zu 1,5 m lang. Als Raubtier ernähre ich mich von Fischen, kleinen Säugetieren, Fröschen und Krebsen. Ich bin ein guter Taucher und Schwimmer. Mein Fell ist wasserabweisend und ich habe Schwimmhäute zwischen den Zehen.

Wer bin ich? (2)

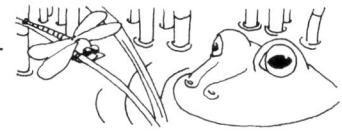

	Ringelnatter	Ich bin ein ungefährliches Reptil und sehr scheu. Ich habe zwei halbmondförmige, helle Flecken am Kopf. Ich kann sehr gut schwimmen. Mein Körper wird bis zu 1,5 m lang.
	Libelle	Ich habe durchsichtige, schillernde Flügel und bin ein Insekt. Ich bin ungefährlich und habe keinen Stachel. Ich jage andere Insekten im Flug und fresse sie. Die meiste Zeit lebe ich am Wasser.
	Biber	Ich zähle als Nager zu den Säugetieren. Mein Körper wird bis zu 1 m lang und ich habe einen breiten Schwanz. Ich kann kleine Bäume fällen und Dämme im Wasser bauen. Mein Fell ist sehr begehrt, daher wurde ich früher oft gejagt. Heute stehe ich unter Schutz.
	Graureiher	Ich bin ein Vogel und rund 70 cm groß. Mein Kopf ist weiß und mein Gefieder grau. Ich brüte in Kolonien. Ich ernähre mich hauptsächlich von Fischen und Fröschen. Ich halte mich gern an flachen Tümpeln und Teichen auf.
	Flusskrebs	Ich bin ein selten gewordenes Tier. Mein Körper hat acht Beine, zwei Antennenpaare und zwei große Scheren, mit denen ich meine Beute greifen kann, z. B. Würmer. Ich häute mich, wenn ich wachse, und verstecke mich gern hinter Steinen.

Name:

Spuren im Sand

Tiere hinterlassen ihre Spuren am Ufer.

💧 **Verbinde die Tiere mit ihren Spuren.**

💧 **Kennst du noch zwei weitere Spuren? Male sie und schreibe die Tiere dazu.**

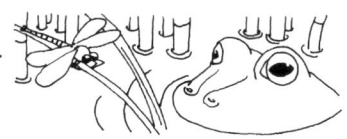

Name:

Lebensraum Teich

💧 **Verbinde die Tiere mit den passenden Sprechblasen.**

①

> Ich lebe überwiegend am Grund des Teiches. Da ich eine große Atemhöhle habe, muss ich nur selten an die Wasseroberfläche kommen – obwohl ich durch eine Art Lunge atme. Meine Eier lege ich an Steinen und Holz unter Wasser ab. Ich lebe von Algen und abgestorbenen Pflanzenteilen.

②

> Ich gehöre zu den Wanzen. Ich kann auf der Wasseroberfläche laufen und dabei mit meinen Vorderbeinen Insekten auf dem Wasser fangen. An Land bewege ich mich sehr ungeschickt und werde häufig von Vögeln gefressen.

③

> Ich ernähre mich von Insekten, die ich im Flug über der Wasseroberfläche fange. Meine Eier lege ich ins Wasser. Als Larve lebe ich zwei Jahre im Schlamm auf dem Teichgrund.

④

> Ich atme durch Kiemen. Ich ernähre mich von Algen, Wasserflöhen und Insekten, die dicht über der Wasseroberfläche fliegen. Meinen Laich lege ich an Pflanzenstängeln unter Wasser ab.

⑤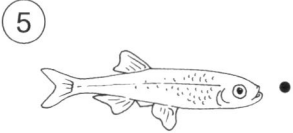

> Mit meinen langen Beinen kann ich gut im flachen Wasser waten. Ich ernähre mich von Fischen und Fröschen, die ich im Uferbereich mit meinem spitzen Schnabel aus dem Wasser ziehe.

💧 **Wo leben diese Tiere? Lies noch einmal die Texte in den Sprechblasen und trage die passenden Zahlen in die Kreise ein.**

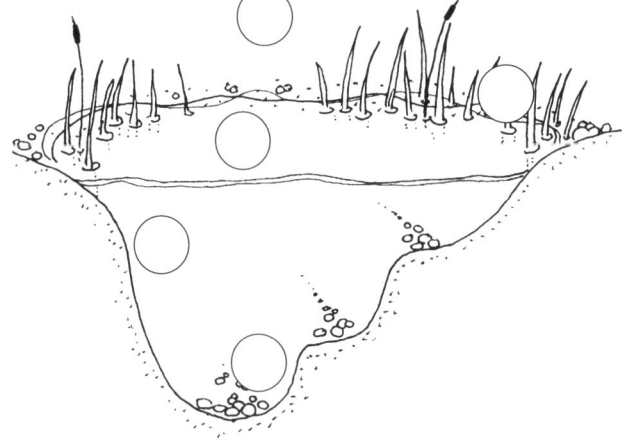

Name:

Wovon ernähren sich diese Tiere?

💧 **Fahre die Linien nach und kreise Tier und Futter gleichfarbig ein.**

kleine Säugetiere, Fische, Frösche und Krebse

Wasserpflanzen und kleine Wassertiere

Fische und Frösche

Insekten

abgestorbene Pflanzenteile

Würmer

💧 **Wie heißen die Tiere? Schreibe die Namen zu den Bildern.**

Flusskrebs
Graureiher
Posthornschnecke
Laubfrosch
Stockente
Fischotter

💧 **Wer frisst wen in der Nahrungskette? Setze fort. Finde eine weitere Kette.**

Graureiher → ___ → ___

___ → ___ → ___

Von der Kaulquappe zum Frosch

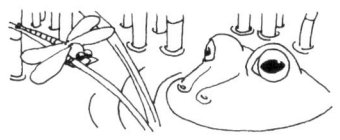

Schneide die Karten an den gestrichelten Linien aus. Spiele mit deinem Partner Domino.

Start		Das Weibchen legt die Eier, den sogenannten Laich, im Wasser ab.	
Schon bald bekommen die Kaulquappen Vorderbeine, ein richtiges Froschmaul und einen kürzeren Schwanz.		Im Frühsommer wachsen den Kaulquappen Hinterbeine.	
Nach etwa drei Wochen schlüpfen die Kaulquappen. Wie Fische haben sie einen Schwanz und atmen durch Kiemen.		Im Frühjahr wandern Frösche, Kröten und Unken zu dem Teich, in dem sie selbst geschlüpft sind. Dort paaren sie sich.	
Der fast fertige Frosch hat noch einen kleinen Schwanz und atmet über die Lunge.	Ende		

Name:

Die Bachforelle – ein Räuber

💧 **Beschrifte den Fisch.**

| Seitenflosse | Kiemen | Schwanzflosse | Maul | Seitenlinie | Haut |

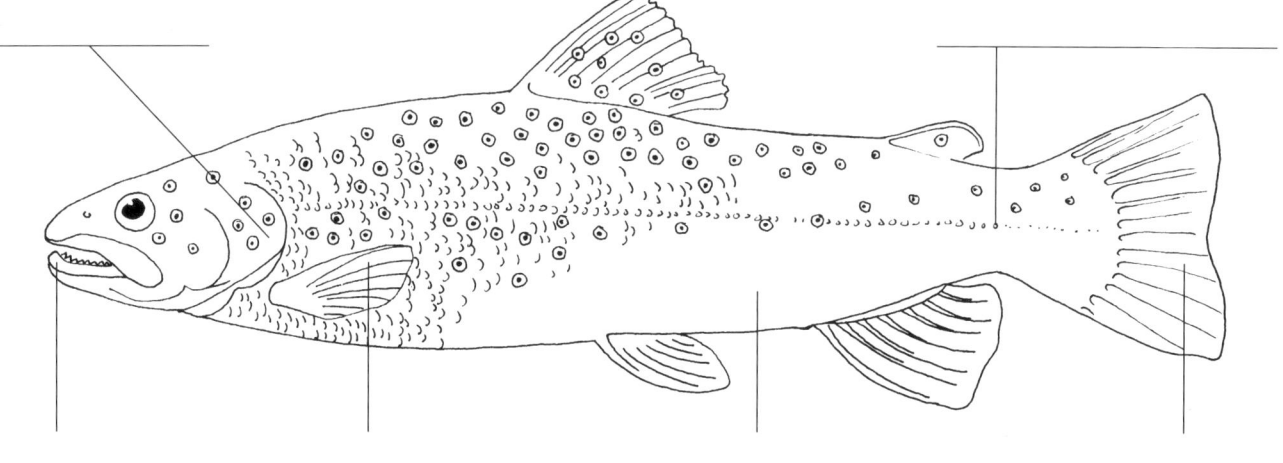

💧 **Schreibe die fehlenden Wörter in die passenden Lücken.**

| Schuppen | Insekten, kleine Fische, Krebstiere und Schnecken |

| Schwanzflosse | Kiemen | scharfen | Schleim | Seitenflossen |

Die Bachforelle ist ein Raubfisch. Mit den kleinen, _____ Zähnen macht sie

Jagd auf ihre Beute: _____

_____. Mit ihren _____ filtert sie den Sauerstoff zum Atmen

aus dem Wasser. Beim Schwimmen schlägt die _____ wie ein

Paddel hin und her. Zum Lenken benutzt sie die _____. Ihr strom-

linienförmiger Körper und ihre mit _____ überzogene Haut lassen sie leicht

durchs Wasser gleiten. Die _____ haben auf den Seitenlinien viele kleine

Poren, die Teil eines weiteren Sinnesorganes der Fische sind. Das Organ hilft ihnen dabei,

Hindernisse zu umschwimmen.

Pflanzen im und am Gewässer

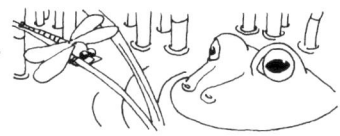

Igelkolben
- Wasser- und Sumpfpflanze
- grünlich-weiße Blüten
- größerer, stachliger, kugelförmiger Blütenstand am unteren Teil der Pflanze (weibliche Blüten)
- kleinere Kugelköpfchen am oberen Teil der Pflanze (männliche Blüten)

Froschbiss
- Wasserpflanze
- kleine weiße Blüten
- olivgrüne, stark glänzende, herzförmige Blätter
- schwimmt an der Wasseroberfläche

Schwanenblume
- wächst an wärmeren stehenden oder langsam fließenden Gewässern
- wird 50 bis 150 cm groß
- rosa-weiße Blüten
- je nach Standort bandförmige Tauchblätter oder grasartige Überwasserblätter

Hahnenfuß
- wächst meist an feuchten Standorten
- gelbe Blüten
- enthält scharf schmeckende Giftstoffe
- wird auch Butterblume genannt

Seerose
- wächst in stehenden oder langsam fließenden Gewässern
- herzförmige bis runde Blätter
- bunte Blüten und Blätter schwimmen auf der Wasseroberfläche
- beerenartige Früchte reifen unter Wasser

Sumpf-Vergissmeinnicht
- wächst an nährstoffreichen Gewässern oder auf feuchten Wiesen
- wird 15 bis 80 cm groß
- himmelblau gefärbte Blütenkrone
- behaarte Blätter
- wächst meist in Büscheln

Wassernuss
- wächst in stehenden Gewässern
- weiße Blüten
- fächerförmige Blätter schwimmen auf der Wasseroberfläche
- steht unter Naturschutz

Sumpfziest
- wächst an feuchten, nährstoffreichen Stellen
- rosa oder hellpurpurne Blüten
- längliche, ziemlich schmale Blätter

Pfeilkraut
- wächst im flachen, warmen Wasser (Teichpflanze)
- überwiegend weiße Blüten mit rotviolettem Punkt in der Mitte
- Blätter wie Pfeilspitzen geformt

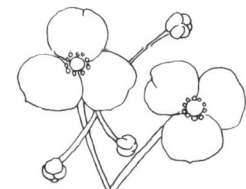

Pflanzen-Memory

So wird gespielt:
- Schneidet die Memorykärtchen aus und legt alle Karten verdeckt nebeneinander auf den Tisch.
- Der erste Spieler dreht zwei Karten um. Passen sie nicht zusammen, ist der nächste Spieler an der Reihe.

 Igel-	 -kolben	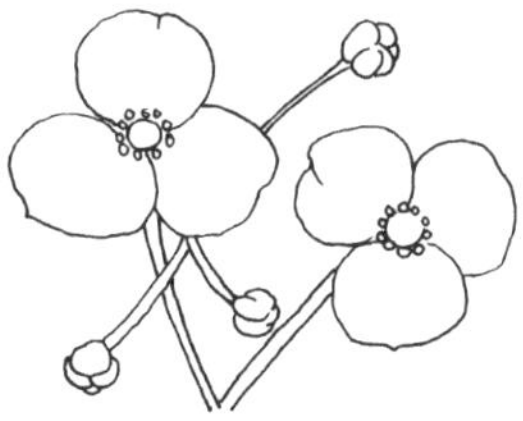 Pfeil-	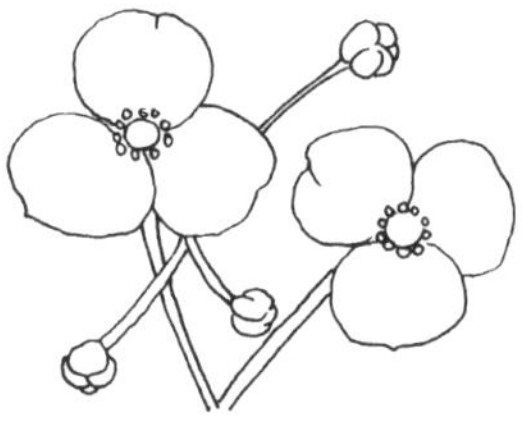 -kraut
 Frosch-	 -biss	 Schwanen-	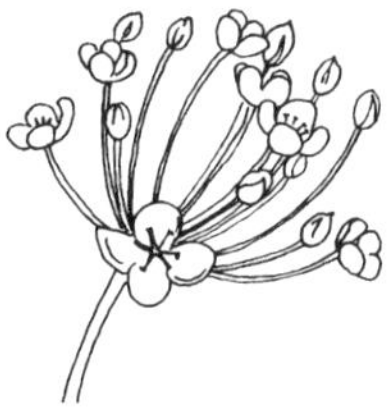 -blume
 Hahnen-	 -fuß	 See-	 -rose
 Sumpf-	 -Vergissmeinnicht	 Wasser-	 -nuss
 Sumpf-	 -ziest		

Name:

Eine Wasserblume aus Papier

Du brauchst:
- buntes Papier
- eine Schere
- eine flache Schüssel mit Wasser

So wird's gemacht:
1. Schneide die Vorlage unten aus und übertrage sie auf das bunte Papier.
2. Schneide die Blume aus und falte alle Blütenblätter fest zur Mitte.
3. Setze deine geschlossene Blüte auf die Wasseroberfläche.
4. Beobachte, was passiert.

💧 **Schreibe die Wörter richtig auf. Dann erfährst du, warum die Papierblume im Wasser blüht.**

Wie bei einer EZTARTAMTFUL _____ gibt es in dem Papier deiner

Blume viele EMUÄRLHOH _____. Diese füllen sich mit RESSAW

_____: Deine Blume geht auf.

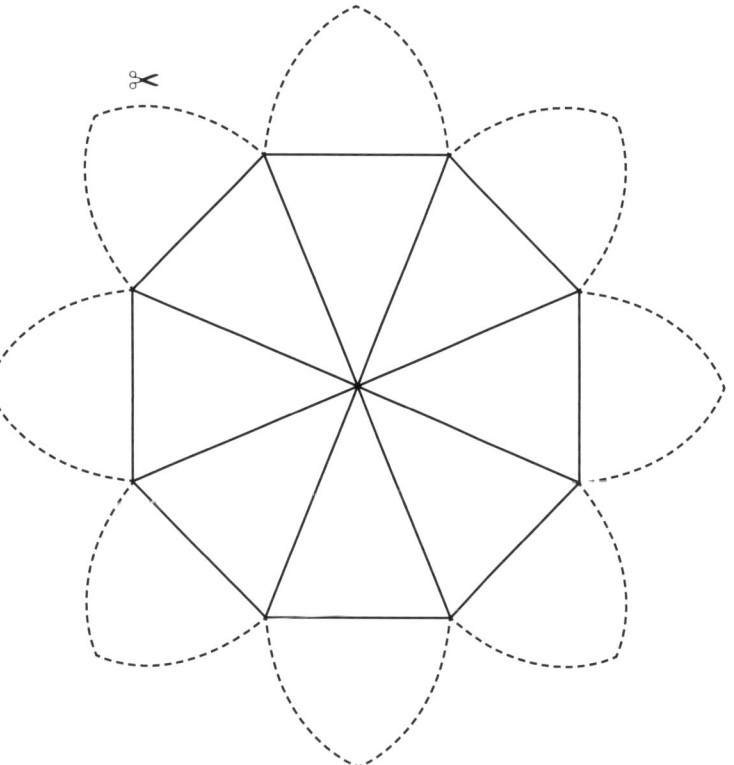

Name:

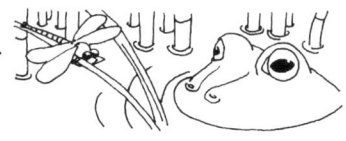

Auch Pflanzen haben Durst

Du brauchst:
- ein Glas Wasser
- Tinte
- eine frische Selleriestange (mit Blättern)
- einen Löffel
- ein Messer
- ein Brettchen

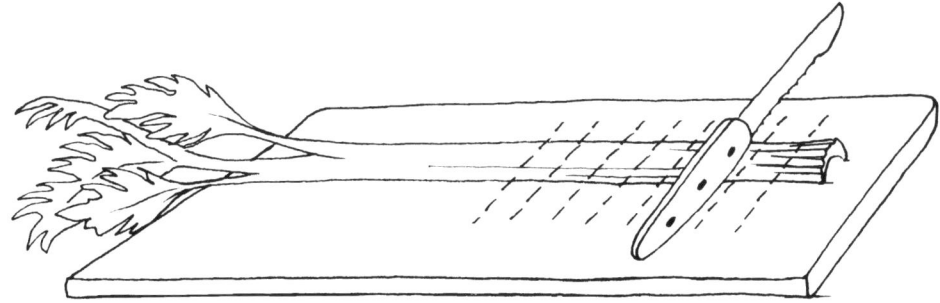

So wird's gemacht:
1. Schütte etwas Tinte in das Glas und verrühre sie mit dem Wasser.
2. Schneide von der Selleriestange die Zwiebel ab und stelle die Stange in das gefärbte Wasser.
3. Nimm am nächsten Tag die Selleriestange aus dem Wasser und lege sie auf das Brettchen. Schneide sie von unten her in Scheiben.
4. Betrachte die Blätter.

💧 **Beschreibe und male, wie die Scheiben und die Blätter aussehen. Erkläre.**

Name:

Eine Unterwasserlupe bauen

Mit dieser Unterwasserlupe kannst du die Unterwasserwelt beobachten, ohne zu tauchen.

Du brauchst:
- eine Blechdose
- einen Dosenöffner
- durchsichtige Frischhaltefolie
- ein Gummiband
- Klebeband

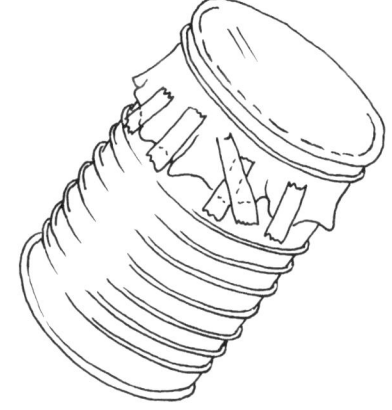

So wird's gemacht:

1. Lass dir von einem Erwachsenen helfen, die beiden Dosenböden mit einem Dosenöffner zu entfernen.
2. Ziehe die Frischhaltefolie straff über eine der beiden Öffnungen und befestige sie mit dem Gummiband.
3. Straffe die Folie über die Dosenöffnung und klebe die Ränder mit Klebeband fest, damit kein Wasser eindringen kann.

Jetzt kannst du deine Lupe an einem See oder Fluss ausprobieren. Tauche die Lupe mit der Folie nach unten ins Wasser. Die Folie wölbt sich dabei leicht nach innen und vergrößert dadurch alles, was du im Wasser betrachtest – wie eine Lupe.

Welche Tiere und Pflanzen hast du beobachtet? Male in den Rahmen.

Name:

Wie sauber ist das Wasser?

Es gibt winzige Wassertierchen, die dir anzeigen, wie sauber das Wasser ist.
In einem sauberen Gewässer findet man sehr viele verschiedene Kleinstlebewesen.
Ist das Wasser verschmutzt, kommen bestimmte Arten nicht mehr vor.

💧 **Untersuche ein Gewässer. Welche Wassertierchen entdeckst du? Kreuze an.**

Datum: _____

Name des Gewässers / Ort: _____

Sehr sauberes Wasser:

| Strudelwurm 25 mm | Köcherfliegenlarve Körper 15–30 mm | Steinfliegenlarve 30 mm | Eintagsfliegenlarve 15 mm |

Sauberes bis wenig verschmutztes Wasser:

| Bachflohkrebs 4–20 mm | Posthornschnecke 10–40 mm | Schlammschnecke 25 mm |

Stark verschmutztes Wasser:

| Rollegel bis 60 mm | Wasserassel 8–12 mm | Zuckmückenlarve 13–20 mm | Schlammröhrenwurm bis 80 mm | Rattenschwanzlarve bis 55 mm |

Wasserqualität: _____

Besondere Entdeckungen: _____

_____

💧 **Vergleiche deine Ergebnisse mit denen deiner Mitschüler. Gibt es Unterschiede?**

Name:

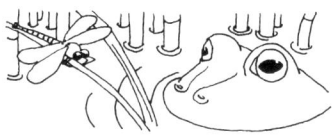

Richtiges Verhalten am Wasser

💧 **Wer verhält sich richtig, wer verhält sich falsch? Seht euch die Bilder an und sprecht darüber.**

💧 **Schreibe zu jedem Bild die passende Regel auf.**

① Regel: _____

② Regel: _____

③ Regel: _____

💧 **Welche weiteren Regeln kennst du? Male und schreibe auf.**

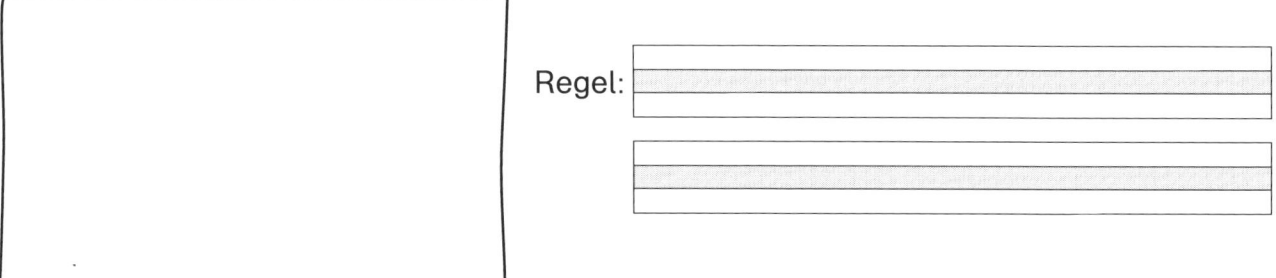

Regel: _____

Name:

Kalt erwischt!

💧 **Wie ist es dazu gekommen? Schreibe eine kleine Geschichte zu dem Bild.**

💧 **Welche Regeln sind auf dem Eis zu beachten? Besprich dich mit einem Partner.**

Name:

Gibt es mich wirklich?

💧 **Bei diesen Namen von Pflanzen und Tieren stimmt etwas nicht. Tausche in jedem Wort einen Buchstaben aus und schreibe es richtig auf.**

Buchstelze

Seehose

Pfeilbraut

Postkornschnecke

Wasserkäufer

Loderlieschen

Wasserkuss

Braureiher

💧 **Kreise alle Pflanzen grün und alle Tiere rot ein.**

💧 **Verändere selbst zwei Namen von Tieren und Pflanzen. Lass deinen Partner die richtigen Namen herausfinden.**

Name:

Wassertier-Schnipsel

💧 **Schneide die Kärtchen aus und klebe die Tiere unten richtig auf.**

💧 **Wie heißen diese Tiere? Wo wohnen sie? Was fressen sie? Was weißt du sonst über sie? Schreibe auf.**

5. Kapitel: Vom Wasserhahn zur Kläranlage

Vorbemerkung

In Deutschland verbraucht eine Person durchschnittlich rund 125 Liter Wasser pro Tag: Wir drehen den Wasserhahn auf oder drücken die Spültaste – und schon fließt Wasser. Das ist für die Kinder selbstverständlich. Doch woher kommt dieses saubere Trinkwasser? Und was passiert damit, wenn es im Abfluss verschwindet?

In diesem Kapitel lernen die Kinder den Weg des Grundwassers über die Versorgungssysteme der Wasserwerke kennen und begreifen die einzelnen Reinigungsschritte, die das Abwasser in der Kläranlage durchläuft. Das theoretische Wissen können sie sich in kurzen Informationstexten mit anschaulichen Bildern aneignen. In kleinen Versuchen vollziehen sie die Wasserverteilung und die Reinigungsprozesse in der Kläranlage praktisch nach.

Gleichzeitig schaffen die Kopiervorlagen ein Bewusstsein für den eigenen Umgang mit Wasser.

Lehrplanbezug

Sachunterricht
- Physikalisch-technische Grundlagen der Wasserversorgung erfassen: System der verbundenen Röhren
- Das örtliche Wasserwerk erkunden
- Die Wege der Trinkwassergewinnung verstehen
- Das eigene Trinkverhalten reflektieren
- Physikalisch-technische Grundlagen und Zusammenhänge erfassen: Schritte der Abwasserreinigung
- Das örtliche Klärwerk erkunden
- Die Schritte der Abwasseraufbereitung verstehen
- Verhaltensregeln im Umgang mit Wasser aufstellen

Deutsch
- Sach- und Gebrauchstexte lesen: gezielt Informationen entnehmen, nach Anweisungen handeln
- Sinnverstehendes Lesen weiterentwickeln
- Informationsquellen nutzen
- Sachverhalte folgerichtig und genau darstellen
- Zusammenhänge zwischen Bild und Text herstellen
- Erzähltexte gestalten

Mathematik
- Zu Sachsituationen Gleichungen finden
- Verfahren der Multiplikation und Division mit ein- und zweistelligem Multiplikator bzw. Divisor entwickeln, begründen und beherrschen

Zu den Kopiervorlagen

Wasserversorgung gestern und heute

Frisches Trinkwasser fließt sauber aus der Leitung und verschwindet nach Gebrauch im Abfluss. Daran sind wir gewöhnt. Bis ins 19. Jahrhundert jedoch siedelten die Menschen bevorzugt in Flussnähe. Das Wasser wurde vom Fluss mit Eimern geholt – zum Trinken, Kochen und Waschen. Abwasser und Dreck landeten anschließend im Fluss. Krankheiten hatten ein leichtes Spiel. Es ist heute unvorstellbar, dass die Nachttöpfe einfach in den Fluss oder Brunnen entleert wurden. In den meisten Gassen der damaligen Ortschaften gab es zwar Abwasserrinnen, doch endeten diese auch im nächsten Gewässer.

Die Schüler setzen sich mit der damaligen Wasserversorgung auseinander und stellen sie der heutigen gegenüber. Die Kopiervorlage lässt sich gut zur Einstimmung auf das Thema einsetzen, weil sie einige Fragen aufwirft: Wie kommt das Wasser in den Wasserhahn? Was passiert mit unseren Abwässern?

Wenn die Schüler mehr Platz benötigen, können sie den Text im Heft weiterschreiben.

Beispiellösung
Aufgabe 2:
Meine Familie und ich leben in einer kleinen Stadt. Die Schmutzwäsche reinigen wir in der <u>Waschmaschine</u>. Anschließend trocknen wir sie in einem <u>Wäschetrockner</u>. In jedem Haus und jeder Wohnung gibt es mindestens eine <u>Toilette</u>. Wir drücken die <u>Spülung</u> – und die Fäkalien verschwinden. Wenn wir dreckig sind, gehen wir unter die <u>Dusche</u> oder in die Badewanne. Um an das Wasser zu gelangen, das wir täglich benötigen, drehen wir einfach den <u>Wasserhahn</u> auf – und schon sprudelt <u>Trinkwasser</u> heraus.

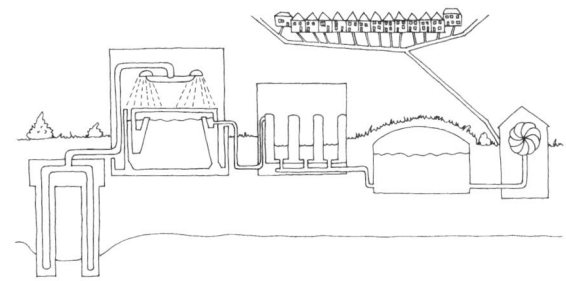

Vom Grundwasser zum Trinkwasser

Lassen Sie Ihre Schüler vermuten, wie das Wasser zum Wasserhahn kommt, bevor Sie diese Kopiervorlage austeilen. Im Bild wird der in Deutschland übliche Weg der Trinkwassergewinnung in einem Wasserwerk dargestellt. Aus Flüssen, Seen, Quellen oder tiefen Erdschichten wird das Wasser mit mächtigen Pumpen ins

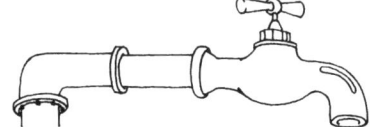

Wasserwerk geholt. Das Grundwasser, auch Rohwasser genannt, wird genau untersucht und von Verunreinigungen befreit. Das aufbereitete Trinkwasser wird über ein Rohrsystem in die Häuser geleitet. Dieses Netz aus Rohren erstreckt sich mit einer Gesamtlänge von mehr als 440 000 km über ganz Deutschland. Damit würde es mehr als zehnmal um die gesamte Erde reichen. Gehen Sie in einem abschließenden Unterrichtsgespräch noch einmal auf die zu Beginn gemachten Annahmen der Kinder ein.

Es bietet sich an, in den darauffolgenden Unterrichtsstunden eine Exkursion zum nächstgelegenen Wasserwerk durchzuführen.

Lösung
(1) Aus Tiefbrunnen der Wasserwerke wird das Grundwasser an die Oberfläche befördert.
(2) In der Belüftungsanlage wird das Wasser über Düsen versprüht. Einige lösliche Schadstoffe nehmen über die Luft Sauerstoff auf und setzen sich als Flocken am Beckenboden ab.
(3) In der Schnellfilteranlage wird das Wasser von weiteren Schadstoffen befreit.
(4) Das gereinigte Wasser wird in einem Reinwasserbehälter zwischengespeichert.
(5) Im Maschinenhaus wird das Wasser mit Motoren in das Wasserrohrnetz gepumpt.
(6) Das Wasserrohrnetz ist weit verzweigt und versorgt alle Haushalte mit sauberem Trinkwasser.

Wassertürme
Damit alle Haushalte gleichermaßen über das Leitungsnetz mit Wasser versorgt werden können, muss Druck erzeugt werden. Dies geschieht über sogenannte Hochbehälter oder Wassertürme. In diese wird mit einer Pumpe je nach Bedarf Wasser gepumpt. Der Wasserspeicher oder Wasserturm ist wie die Haushalte mit dem Leitungsnetz verbunden. Ist der Trinkwasserverbrauch gering, wird er aufgefüllt. Wird viel Wasser verbraucht, leert er sich. Der Druck im Leitungsnetz wird auf diese Weise immer konstant gehalten. Es sind keine weiteren Pumpen nötig als die, die den Speicher füllen. Damit das System funktioniert, darf kein Haushalt höher als der oberste Einspeisungspunkt des Turmes liegen. Die Wasserversorgung der Haushalte funktioniert nach dem Prinzip der kommunizierenden Röhren: Eine homogene Flüssigkeit wie Wasser steht in oben offenen, aber miteinander verbundenen Gefäßen gleich hoch, weil der Luftdruck und die Schwerkraft konstant sind.

Wie steht das Wasser? (KV Seite 86)
In diesem Versuch probieren die Schüler aus, wie sich Wasserstände in einem Wasserschlauch verhalten, wenn ein Ende auf- und abbewegt wird. Die Kinder erfahren, dass der Schlauch mit einer ausreichenden Menge Wasser gefüllt sein muss, um in den unterschiedlichsten Höhen Wasser abgeben zu können. Um den Bezug zur Lebensumwelt der Schüler deutlicher zu machen, kann an jedem Schlauchende ein beschriftetes Glasröhrchen („Wasserspeicher" und „1./2./3. Stock") befestigt werden. So wird deutlich, dass z. B. der dritte Stock nicht mehr mit Wasser versorgt werden kann, wenn der Wasserturm tiefer steht. Dass mithilfe einer Pumpe auch in diesem Fall eine Versorgung gewährleistet ist, zeigt der Versuch „Eine Luft-Wasser-Pumpe herstellen" (Seite 87).

Lösung
Aufgabe 1:
Das Wasser verteilt sich gleichmäßig in dem Schlauch. In beiden Schlauchenden ist der Wasserstand gleich hoch.

Aufgabe 2:
Der Wasserstand des Schlauchendes, das niedriger gehalten wird, bleibt immer auf derselben Höhe wie der Wasserstand des höher gehaltenen Schlauchendes.

Aufgabe 3:
Damit ein Schlauchende auch bei Gleichstand mit dem anderen Ende Wasser abgibt, muss der Schlauch ganz mit Wasser gefüllt sein.

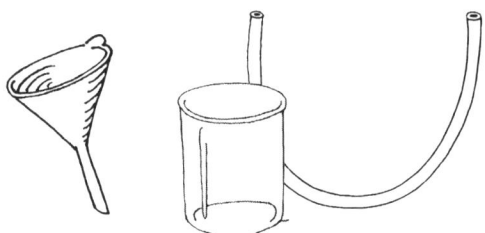

Eine Luft-Wasser-Pumpe herstellen (KV Seite 87)
Wie wird das Wasser in Hochbehälter oder höher liegende Haushalte transportiert? Mithilfe dieses Versuchs wird den Kindern die Funktionsweise einer Wasserpumpe anschaulich vor Augen geführt. Am besten lassen Sie die Schüler in kleinen Teams zusammenarbeiten. Schachteln, Marmeladengläser mit Deckel, Strohhalme und Knetmasse können die Kinder selbst mitbringen. Die Schachtel sollte nicht höher als die Gläser sein. Stellen Sie möglichst für jedes Team einen Handbohrer zur Verfügung. Der Aufbau des Versuchs erfordert Geschick. Zudem sollte der Umgang mit dem Handbohrer geübt werden, um Verletzungen zu vermeiden.

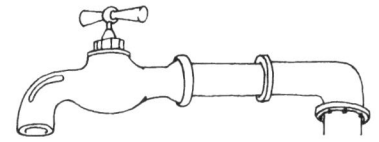

Die Kinder werden feststellen, dass Wasser auch nach oben „fließen" kann. Das ist nur aufgrund der sich ändernden Luftdruckverhältnisse möglich: Das Marmeladenglas ist luftdicht verschlossen und der Luftdruck im Innern ist kleiner als außerhalb. Die Schwerkraft und der Wasserdruck lassen das Wasser aus dem Marmeladenglas über den Strohhalm nach unten in das leere Glas laufen. Dadurch entsteht im Marmeladenglas mehr Raum für die Luft, der Luftdruck nimmt ab. Der Luftdruck um das Glas herum ist jetzt im Verhältnis höher und sorgt dafür, dass das Wasser aus dem Glas auf der Schachtel durch den Strohhalm in das Marmeladenglas „heraufgepumpt" wird.

Lassen Sie die Schüler selbst nach Erklärungen suchen. Erinnern Sie sie gegebenenfalls an das Barometer (siehe KV „Ein Barometer selbst herstellen" Seite 49). Wird das Wasser im Glas auf der Schachtel mit Tinte eingefärbt, kommt der Ansaugeffekt noch besser zur Geltung.

Lösung
Das Wasser wird aus dem Glas auf der Schachtel angesaugt und sprudelt über den Strohhalm ins Marmeladenglas. Wasserdruck und Schwerkraft lassen einen Teil des Wassers in das untere, leere Glas abfließen.

Ein Leben ohne Wasserhahn
KV Seite 88

Diese Kopiervorlage führt den Schülern vor Augen, was für ein Luxus es ist, Wasser aus dem Wasserhahn beziehen zu können. Sie berechnen, wie häufig sie mit einem 5-Liter-Eimer zum Brunnen gehen müssten, um den täglichen Wasserbedarf einer fünfköpfigen Familie in Deutschland zu decken, wenn diese pro Tag und Person durchschnittlich 125 Liter verbraucht.

Lassen Sie die Kinder das Gewicht eines vollen Wassereimers spüren. Legen Sie dafür eine Strecke auf dem Schulhof fest, die die Kinder zurücklegen müssen. Ihre Klasse bekommt ein Gefühl dafür, welche existenzielle Bedeutung Wasser für den Menschen hat und wie viel Zeit und Kraft manche Menschen aufwenden müssen, um es zu beschaffen.

Die Schüler können im Anschluss von eigenen Erlebnissen berichten. Wie funktioniert die Wasserversorgung im Ausland? Bei zu geringen Niederschlägen und dadurch verursachtem Wassermangel gibt es inzwischen auch in manchen europäischen Ländern zeitweilige Wassersperren.

Weiterführend können sich die Kinder selbst über Länder informieren, in denen dauerhaft Wasserknappheit herrscht: Unter welchen Bedingungen leben die Menschen dort? Wie gehen sie mit der Wasserknappheit um? Lassen Sie die Schüler in der Klasse berichten.

Lösung
Aufgabe 2:
125 l : 5 l = 25. Man müsste 25-mal zum Brunnen laufen, um den Tagesbedarf einer Person zu decken.

Aufgabe 3:
25 · 5 = 125. Man müsste 125-mal zum Brunnen laufen, um den Tagesbedarf einer fünfköpfigen Familie zu decken.

Wasser sparen
KV Seite 89

Die Kinder sehen auf den Bildern Situationen, in denen sie täglich zu Hause oder in der Schule Wasser verwenden. Sie stellen Überlegungen an, wie sie Trinkwasser einsparen können. Die kritische Reflexion des eigenen Wasserbedarfs pro Tag schärft das Bewusstsein für die Umwelt und den verantwortungsvolleren Umgang mit ihr (siehe auch KV „Wasser braucht Schutz!" Seite 48).

Lösung
Aufgabe 1:
rot: - - - - - - - - - -
grün: ─────────

Aufgabe 2:
- Duschen spart Wasser.
- Beim Zähneputzen den Wasserhahn zudrehen.
- Beim Abspülen den Wasserhahn zudrehen.
- Beim Einseifen der Hände den Wasserhahn zudrehen.

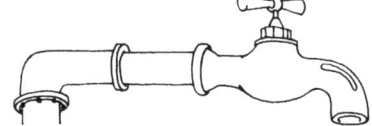

 Brauchwasser verwenden

Die Schüler überlegen, wo sie Brauchwasser anstelle von Trinkwasser benutzen können. Stellen Sie mit Ihrer Klasse eine Regentonne auf dem Schulhof auf und nutzen Sie sie im Alltag, z. B. zum Blumengießen.

Lösung

Aufgabe 1:

Aufgabe 2 (Beispiellösung):
1. Toilettenspülung
2. Wäschewaschen
3. Boden wischen

 **Wasserschutzgebiete**

Das Hinweisschild auf die Schutzzone III eines Wasserschutzgebietes (siehe auch Infokasten) ist den Schülern sicherlich im Alltag schon einmal begegnet. Mithilfe der Kopiervorlage erkennen sie, welche Zonen ein Wasserschutzgebiet umfasst und welche Maßnahmen zum Schutz des Trinkwassers jeweils ergriffen werden.

Lösung

Aufgabe 1:

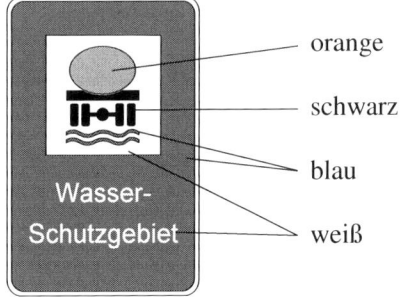

Aufgabe 3:
(1) Ein Wasserschutzgebiet umfasst das gesamte Wassereinzugsgebiet. Wasserschutzgebiete können unterschiedlich groß sein.
(2) Die Umgebung eines Trinkwasserbrunnens ist eingezäunt, damit sie niemand verschmutzt. Diese Zone bezeichnet man als den absoluten Schutzkreis.
(3) Die weitere Umgebung eines Trinkwasserbrunnens ist frei zugänglich. Aber es ist keine Bebauung erlaubt. Dieses Gebiet bezeichnet man als engere Schutzzone.
(4) In Hochbehältern wird Trinkwasser gespeichert und an die Haushalte weitergegeben.

Wasserschutzgebiete

Wasserschutzgebiete werden festgesetzt, um Grund- und Oberflächenwasser, die zur Trinkwasserversorgung genutzt werden, vor nachteiligen Einwirkungen durch schädliche Stoffe, wie z. B. Öle, Lösungsmittel oder Dünger, zu schützen. Ein Wasserschutzgebiet umfasst drei Schutzzonen: Die Wasserschutzzone I, die absolute Schutzzone, schützt den Nahbereich um den Brunnen, durch den das Trinkwasser gefördert wird. Dieser Bereich ist eingezäunt. Jegliche andere Nutzung ist verboten. Die Wasserschutzzone II ist die engere Schutzzone. Sie umfasst ein Gebiet, von deren äußerer Begrenzung das Grundwasser eine Fließzeit von mindestens 50 Tagen bis zum Brunnen benötigt. In diesem Bereich wird besonders darauf geachtet, dass die Deckschicht nicht verletzt wird. Dieses bedeutet vor allem Nutzungsbeschränkungen in der Bebauung und im Straßenbau. Die Wasserschutzzone III umfasst das gesamte Wasserschutzgebiet. Verboten sind hier das Anwenden von Schadstoffen, wie Gülle und Pflanzenschutzmittel, sowie das Ablagern von Abfallstoffen. Kläranlagen und Kiesgruben z. B. findet man in diesen Bereichen nicht.

 Der große Wassertest

Wie rein ist Leitungswasser im Vergleich zu anderen Wasserarten, die den Kindern täglich begegnen? Im großen Wassertest können die Schüler anhand einfacher Beschreibungskriterien selbst die Wasserqualität verschiedener Gewässerproben untersuchen. Diese bringen sie von zu Hause in verschließbaren, durchsichtigen Gefäßen mit: Leitungswasser, Mineralwasser aus dem Supermarkt, Spülwasser, Teichwasser aus dem Garten, eine Wasserprobe aus dem nahe gelegenen Bach, Wasser aus der Regentonne – es gibt viele Möglichkeiten. Die Proben werden ausgewertet und das Ergebnis in der Klasse

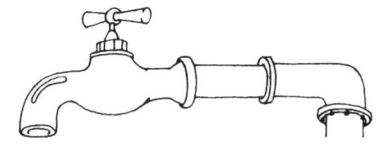

vorgetragen. Gegebenenfalls können die Fundorte auf einem Stadtplan markiert werden.

Kommen die Schüler aus Einzugsgebieten, die das Leitungswasser aus unterschiedlichen Wasserwerken beziehen, kann auch ein Trinkwasservergleich durchgeführt werden. Hier bietet sich neben einem Geruchstest natürlich auch der Geschmackstest an: Welches Wasser ist der Testsieger? Aus welchem Wasserwerk stammt das „Siegerwasser"?

Gesunde und ungesunde Getränke
KV Seite 93

Die Schüler beurteilen, welche Getränke gesund und welche weniger gut für sie sind. Im Vergleich erkennen sie, dass Trinkwasser das wichtigste Lebensmittel überhaupt ist, und dass viele andere Getränke, obwohl sie auch Wasser enthalten, dem Körper mehr schaden als nutzen. Die Auswirkungen einzelner ungesunder Getränke auf den menschlichen Organismus können anschließend besprochen werden. Weiterführend können die Kinder einen Tag lang aufschreiben, was und wie viel sie trinken, und diese Getränke anschließend als gesund oder ungesund bewerten. Anschließend werden die Ergebnisse in der Klasse ausgewertet.

Lösung
Aufgabe 1:

	richtig	falsch
Zu viel Zucker ist schlecht für die Zähne und macht dick.	☒	☐
Naturtrüber Apfelsaft enthält mehr Zucker als Cola.	☐	☒
Kaffee und Cola enthalten den aufputschenden Stoff Koffein.	☒	☐
Milch enthält viel Calcium. Das ist schädlich für die Knochen.	☐	☒
Alkohol entzieht dem Körper Flüssigkeit und Mineralstoffe.	☒	☐
Mineralwasser enthält lebensnotwendige Mineralstoffe.	☒	☐

Aufgabe 2:
gesund: Mineralwasser, Pfefferminztee, naturtrüber Apfelsaft, Milch, Leitungswasser
ungesund: Kaffee, Bier, Zitronenlimonade, Cola, Eistee

Aufgabe 3:
Manche Getränke sind ungesund, weil sie zu viel Zucker, Koffein oder Alkohol enthalten und dem Körper Flüssigkeit und Mineralstoffe entziehen.

Zu Besuch im Klärwerk (1)
KV Seite 94

Durch den Arbeitsauftrag auf dem Textblatt werden die Schüler dazu angeleitet, einem längeren, nicht ganz einfachen Sachtext gezielt Informationen zu entnehmen. Sie entwickeln auf diese Weise ihr sinnverstehendes Lesen weiter. Auf der folgenden Kopiervorlage „Zu Besuch im Klärwerk (2)" werden die Informationen angewendet.

Lösung
Rot: Rechenanlage, Sandfang, Vorklärbecken, Belebungsbecken, Nachklärbecken, Flockungsbecken, Faulturm
Blau: grobe Schmutzteile, wie z. B. Papier, Plastik und Holz; Sand und Kies; feinere Schmutzteilchen, Öle und Fette; winzige Schmutzreste; giftige Stoffe wie Phosphate oder Schwermetalle
Grün: Rechen; Pumpe; Bakterien und Kleinstlebewesen, Sauerstoff; chemische Stoffe

Zu Besuch im Klärwerk (2)
KV Seite 95

Mithilfe der Informationen aus dem Text „Zu Besuch im Klärwerk (1)" können die Schüler im Bild die richtigen Zahlen eintragen und die Prozesse, die in einem Klärwerk ablaufen, benennen und beschreiben. Anschließend kann das Bild dazu genutzt werden, die Prozesse und Reinigungsanlagen mit eigenen Worten mündlich wiederzugeben.

Lösung
Aufgabe 1:

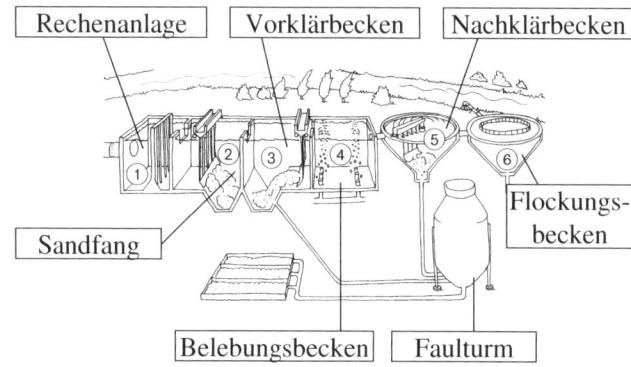

Aufgabe 2:
(1) Papier, Holz, Äste
(2) Kies, Sand
(3) feinere Schmutzteilchen, Öle und Fette
(4) winzige Schmutzreste
(5) Klärschlamm
(6) giftige Stoffe, z. B. Phosphate

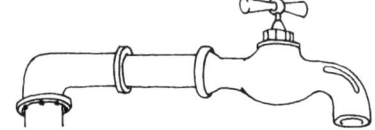

Aufgabe 3:
1. die Rechenanlage, der Sandfang, das Vorklärbecken
2. das Belebungsbecken, das Nachklärbecken
3. das Flockungsbecken

 Klär-Domino

Die Dominokarten sichern das Wissen zu den einzelnen Reinigungsstufen einer Kläranlage. Beim Zusammenlegen wiederholen die Kinder die Fachbegriffe und die einzelnen Schritte des Reinigungsprozesses von einer Klärungsstufe zur nächsten. Die Übung kann sowohl zu Hause in Einzelarbeit als auch in der Schule in Partnerarbeit durchgeführt werden.

Lösung

Start		Größere Schmutzstoffe wie Papier, Äste oder Holz werden mit einem Rechen zurückgehalten.	
	Rechenanlage		Sandfang
In langen Rinnen setzen sich Sand, Kies und kleine Steine ab.		Kleinere Schmutzteile sinken nach unten. Öle und Fette setzen sich an der Oberfläche ab und werden abgesaugt.	
	Vorklärbecken		Belebungsbecken
Kleinstlebewesen und Bakterien fressen winzige Schmutzreste auf. Dabei entsteht Klärschlamm.		Der Schlamm aus Kleinstlebewesen und Schmutz setzt sich am Boden ab.	
	Nachklärbecken		Flockungsbecken
Schwermetalle und chemische Stoffe werden durch Zugabe von Chemikalien entfernt.		Hier wird der Klärschlamm gesammelt und getrocknet.	Ende
	Faulturm		

 Eine Reise durchs Klärwerk

Diese Kopiervorlage bietet eine weitere Möglichkeit, das Wissen der Schüler über die verschiedenen Reinigungsstufen des Klärwerks abzufragen. Leistungsschwächere Kinder bringen die Bilder in die richtige Reihenfolge und finden das Lösungswort.

Für leistungsstärkere Schüler kann sich ein kreativer Schreibauftrag anschließen: Erzähle, was ein Wassertropfen auf seinem Weg von der Dusche zurück in den Fluss wohl erlebt.

Lösung
Aufgabe 2:
Lösungswort: KLÄRWERK

 Wasser verschmutzen

Bei diesem Experiment können die Schüler Formen der Verschmutzung von Wasser durch unterschiedliche Stoffe beobachten und beschreiben. Lassen Sie die Kinder zunächst die Auswirkungen vermuten. Am Ende betrachten die Schüler alle Gläser und vergleichen ihre Ergebnisse untereinander.

Anschließend können leistungsstärkere Schüler ihre Ergebnisse auf ihr Wissen über verschiedene Reinigungsprozesse in Klärwerken übertragen. Welcher Stoff ließe sich wohl in welcher Reinigungsstufe ausfiltern (siehe auch KV „Wasser reinigen" Seite 99)?

Lösung
Aufgaben 1/2:
Die Erde setzt sich am Boden ab und das Wasser wirkt zweifarbig gestreift.
Das Salatöl setzt sich als gelbe Ölschicht auf der Wasseroberfläche ab.
Der Zucker löst sich im Wasser vollständig auf und hinterlässt keinerlei Spuren.
Das Mehl setzt sich am Boden des Wasserglases ab.
Die Wasserfarben machen das Wasser gleichmäßig trüb.

 Wasser reinigen

In drei kleinen Experimenten verschmutzen und reinigen die Kinder Wasser. Dabei empfinden sie drei mechanische Reinigungsstufen im Klärwerk nach: In der Rechenanlage werden grobe Schmutzteile herausgefiltert, im Sandfang setzen sich Stoffe wie Sand oder Kies am Boden ab und im Vorklärbecken setzen sich Fette und Öle an der Oberfläche ab, sodass sie nur noch abgeschöpft werden müssen. Die Schüler halten ihre Beobachtungen auf gesonderten Zetteln fest. Abschließend werden die Ergebnisse zusammengetragen und der Bezug zu den Reinigungsstufen des Klärwerks hergestellt.

Gewässer schützen

In den letzten Jahren wurde viel unternommen, um die Wasserqualität in deutschen und europäischen Gewässern zu verbessern. Die Schüler lesen die Texte und ordnen sie passend den Bildern zu. In einem

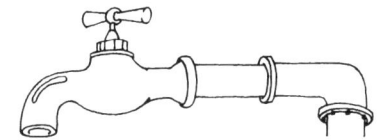

anschließenden Gespräch können Sie gemeinsam mit der Klasse nach weiteren Möglichkeiten suchen. Lassen Sie die Kinder dazu im Internet recherchieren.

Lösung

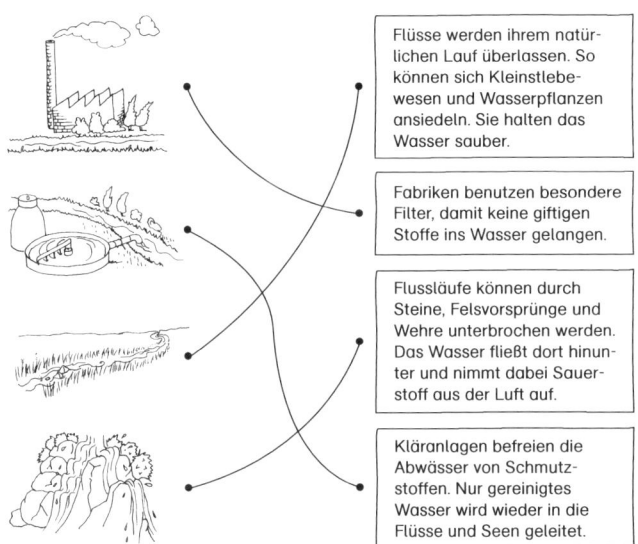

Flüsse werden ihrem natürlichen Lauf überlassen. So können sich Kleinstlebewesen und Wasserpflanzen ansiedeln. Sie halten das Wasser sauber.

Fabriken benutzen besondere Filter, damit keine giftigen Stoffe ins Wasser gelangen.

Flussläufe können durch Steine, Felsvorsprünge und Wehre unterbrochen werden. Das Wasser fließt dort hinunter und nimmt dabei Sauerstoff aus der Luft auf.

Kläranlagen befreien die Abwässer von Schmutzstoffen. Nur gereinigtes Wasser wird wieder in die Flüsse und Seen geleitet.

KV Seite 101 Was weißt du übers Wasser?

Bei diesem Quiz geht es nicht so sehr darum, das Wasserwissen der Schüler abzufragen, sondern ihnen weitere Informationen zu geben. Die Aussagen sollten auf „richtig" oder „falsch" geprüft und in der Klasse korrigiert werden.

Die Kinder können im Anschluss den Umgang mit dem Internet üben. Lassen Sie sie nach möglichst Ungewöhnlichem und Verblüffendem zum Thema Wasser suchen und selbstständig ein Fragespiel erstellen.

Lösung
Aufgabe 1:

	richtig	falsch
1. Bei der Stromherstellung wird Wasser verbraucht.	☒ Q	☐ C
2. Ein Mensch kann länger als vier Tage ohne Wasser überleben.	☐ h	☒ u
3. In Chile, Südamerika, trinken die Menschen Wasser, das sie aus Nebel gewinnen.	☒ a	☐ i
4. Unser Körper verliert Wasser, wenn wir atmen.	☒ l	☐ m
5. In Deutschland verbraucht jeder Mensch täglich ca. 125 Liter Wasser.	☒ l	☐ k
6. Für die Toilettenspülung braucht jeder Mensch in Deutschland täglich 10 Liter Wasser.	☐ o	☒ e
7. Ein Kamel speichert Wasser in seinen Höckern.	☐ g	☒ n
8. Im Klärwerk wird der Schmutz im Wasser von kleinen Lebewesen aufgefressen.	☒ 9	☐ 1
9. Im Klärwerk wird das Wasser sauberer als in einem Sumpfgebiet.	☐ 3	☒ 9
10. Auf dem Berg Waialeale auf Hawaii regnet es fast jeden Tag.	☒ a	☐ e
11. Grundwasser kannst du gefahrlos trinken.	☐ i	☒ u
12. Chemische Dünger können auf Feldern bedenkenlos eingesetzt werden.	☐ f	☒ s

Erläuterungen zu den Antworten:
1. z. B. zur Kühlung
2. Auf Nahrung kann ein Mensch relativ lange verzichten. Doch ohne Wasser stirbt er nach etwa vier Tagen.
3. In der Atacama-Wüste werden große Netze aufgespannt, an denen das Nebelwasser kondensiert und aufgefangen wird.
4. Dass der Mensch beim Atmen Wasser ausscheidet, erkennt man z. B. am Beschlagen einer angehauchten Fensterscheibe.
5. Von den 125 Litern des durchschnittlichen Tagesverbrauchs pro Person werden z. B. 45 Liter fürs Duschen, Baden und die Körperpflege verwendet, aber nur 5 Liter Wasser für Essen und Trinken.
6. Es sind tatsächlich 34 Liter Wasser, die durchschnittlich für die Toilettenspülung verbraucht werden.
7. Ein Kamel speichert Fett in seinen Höckern und erzeugt daraus mithilfe des Stoffwechsels Wasser.
8. Bakterien und Kleinstlebewesen nehmen die verschiedenen flüssigen und festen Schmutzstoffe im Klärwerk auf.
9. Es gibt auch Naturklärwerke, die das Wasser in einen Sumpf leiten. Pflanzen wie Schilf, Binsen und Schwertlilien filtern das Wasser dort sehr viel sauberer, als es im Klärwerk geschieht.
10. Auf Waialeale regnet es bis zu 350 von 365 Tagen im Jahr.
11. Das Grundwasser muss erst in einem Wasserwerk geprüft und aufbereitet werden.
12. Chemische Dünger sind giftig und verschmutzen das Grundwasser. Organische Dünger sind verträglicher.

Aufgabe 2:
Lösungssatz: <u>Quallen</u> bestehen zu <u>99 %</u> <u>aus</u> Wasser!

Name:

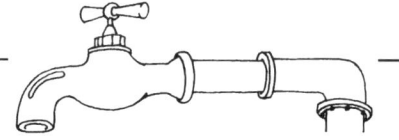

Wasserversorgung gestern und heute

💧 **Johann erzählt, wie es vor 200 Jahren war. Lies den Text und unterstreiche wichtige Aussagen.**

> Meine Familie und ich leben in einem kleinen Dorf. Unser Hof liegt unweit eines Flusses. Dort wäscht meine Mutter unsere Wäsche mit der Hand. Die nasse Wäsche hängt sie zum Trocknen auf dem Dachboden auf. Unter meinem Bett steht ein Nachttopf. Den spüle ich nach Gebrauch im Fluss aus. Ein Plumpsklo befindet sich hinter der Scheune. Alles Wasser, das wir sonst benötigen, entnehmen wir dem Dorfbrunnen. Einmal pro Woche wird gebadet: Das Wasser dafür holen wir mit dem Eimer aus dem Brunnen und tragen es ins Haus. Im Kessel wird es dann auf dem Herd erhitzt und in einen großen Holzbottich geschüttet.

💧 **Amelie erzählt, wie wir heute leben. Schreibe in die Sprechblase. Verwende die folgenden Wörter:**

Toilette   Wäschetrockner   Dusche   Spülung
Trinkwasser   Waschmaschine   Wasserhahn

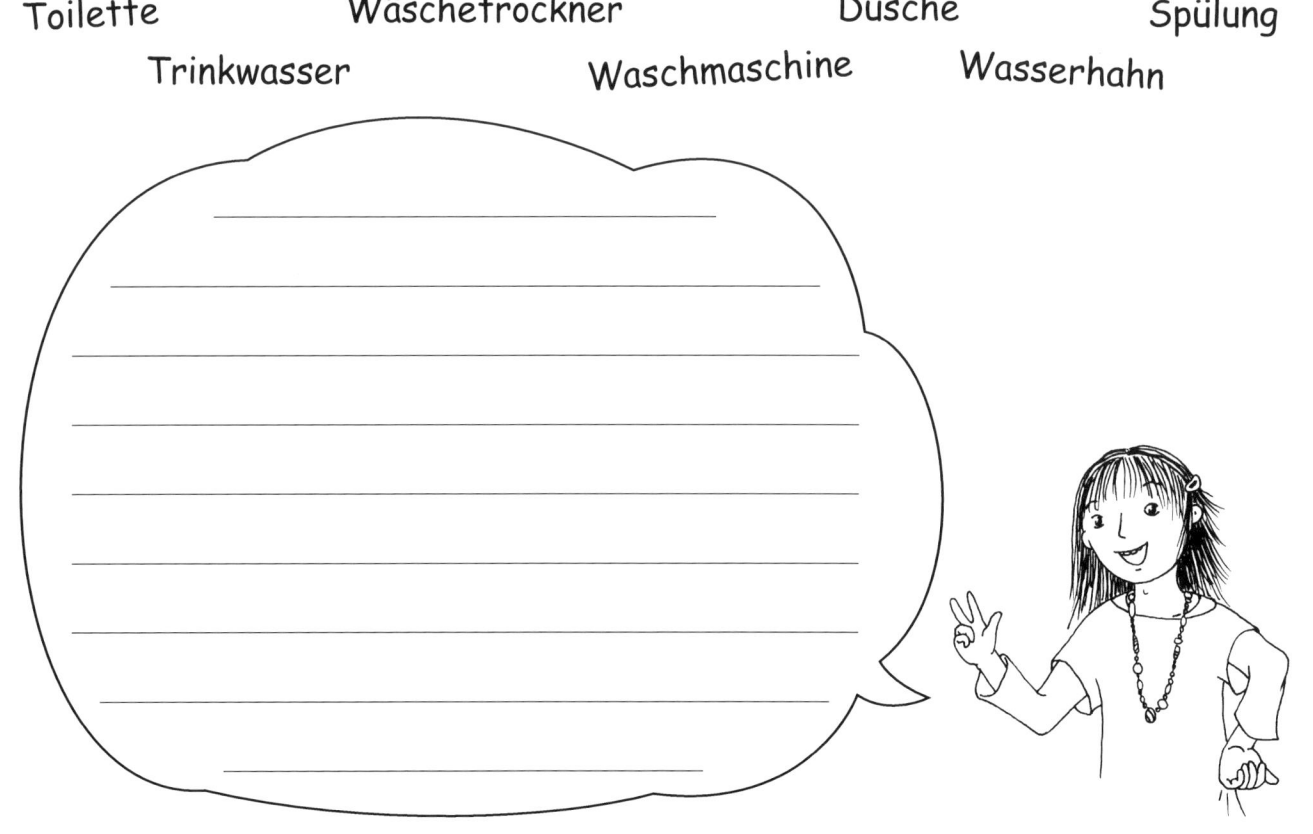

Name:

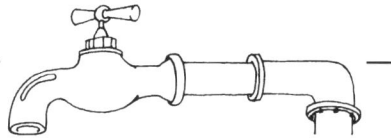

Vom Grundwasser zum Trinkwasser

Das Wasserwerk versorgt alle Haushalte mit Trinkwasser.

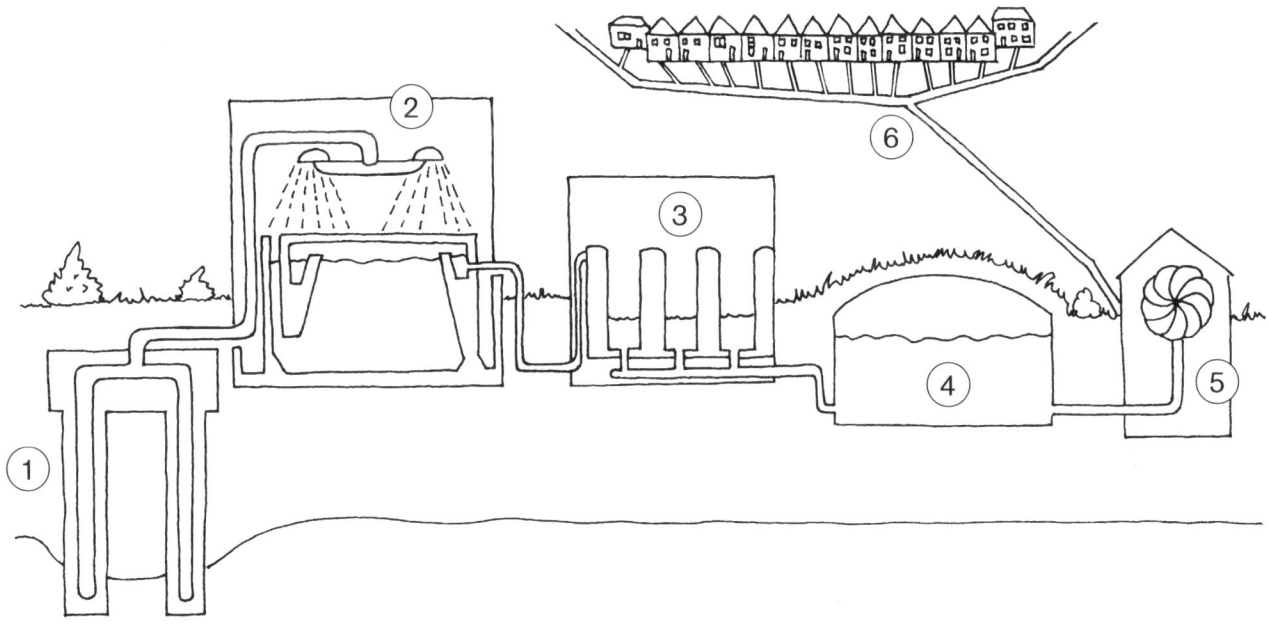

💧 **Bringe die Abläufe in einem Wasserwerk in die richtige Reihenfolge. Ordne den Zahlen aus dem Bild die passenden Beschreibungen zu. Schreibe in die Kreise.**

| ○ Das Wasserrohrnetz ist weit verzweigt und versorgt alle Haushalte mit sauberem Trinkwasser. | ○ Im Maschinenhaus wird das Wasser mit Motoren in das Wasserrohrnetz gepumpt. |

○ Das gereinigte Wasser wird in einem Reinwasserbehälter zwischengespeichert.

○ Aus Tiefbrunnen der Wasserwerke wird das Grundwasser an die Oberfläche befördert.

○ In der Schnellfilteranlage wird das Wasser von weiteren Schadstoffen befreit.

○ In der Belüftungsanlage wird das Wasser über Düsen versprüht. Einige lösliche Schadstoffe nehmen über die Luft Sauerstoff auf und setzen sich als Flocken am Beckenboden ab.

Name:

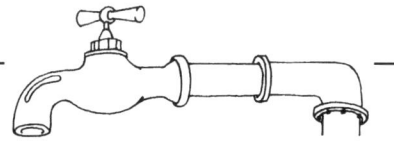

Wie steht das Wasser?

Ihr braucht:
- einen durchsichtigen Schlauch
- einen Trichter
- ein Glas
- Wasser

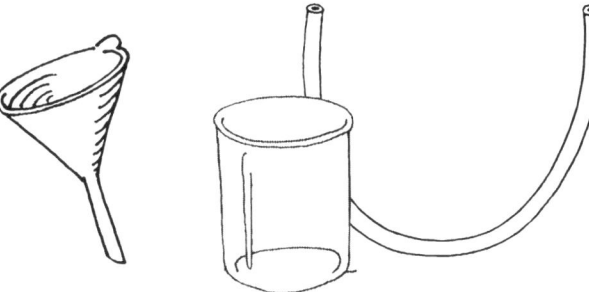

So wird's gemacht:
1. Biegt den Schlauch zu einem „U" und haltet ihn gut an beiden Enden fest.
2. Setzt den Trichter an einem Ende des Schlauches an.
3. Gießt das Wasser aus dem Glas vorsichtig durch den Trichter in den Schlauch.

💧 **Wie verteilt sich das Wasser im Schlauch? Beschreibt.**

_____

_____

4. Verändert die U-Form, indem ihr ein Schlauchende auf- und abbewegt.

💧 **Wie verhält sich das Wasser im Schlauch? Beschreibt.**

_____

_____

💧 **Mit wie viel Wasser muss der u-förmige Schlauch gefüllt sein, damit ein Ende des Schlauches in jeder Höhe Wasser abgibt? Malt und erklärt.**

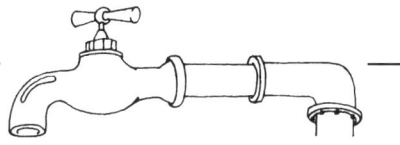

Name:

Eine Luft-Wasser-Pumpe herstellen

Du brauchst:
- ein Marmeladenglas mit Deckel
- zwei gleich große Gläser
- einen Handbohrer
- zwei Strohhalme
- Wasser
- Knetmasse
- eine stabile Pappschachtel

So wird's gemacht:

1. Fülle das Marmeladenglas zur Hälfte mit Wasser.
2. Bohre mit dem Handbohrer vorsichtig zwei Löcher in den Deckel des Glases, sodass jeweils ein Strohhalm hindurchpasst.
3. Schraube den Deckel auf das Glas und stecke die beiden Strohhalme durch die Löcher: den einen bis ins Wasser hinein, den anderen lässt du nur ein kurzes Stück ins Glas hineinragen. Dichte die Löcher mit Knetmasse ab.
4. Fülle das erste Glas mit Wasser und stelle es auf die Schachtel, damit es höher steht.
5. Stelle das leere Glas neben die Schachtel.
6. Drehe nun das verschlossene Marmeladenglas mit den Strohhalmen um. Den weiter aus dem Glas herausragenden Strohhalm führst du zum unteren, leeren Glas, den anderen zum mit Wasser gefüllten Glas. Halte das Marmeladenglas gut fest.

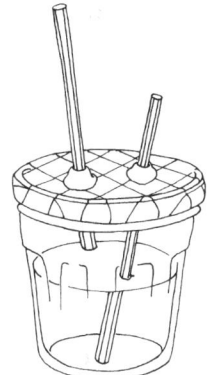

💧 **Was passiert? Beschreibe.**

_____
_____
_____
_____

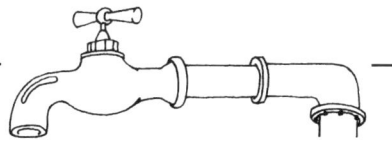

Name:

Ein Leben ohne Wasserhahn

Zu Hause drehst du den Wasserhahn auf, wenn du Wasser brauchst. In manchen Ländern müssen die Menschen auch heute noch kilometerweit zu einem Brunnen laufen.

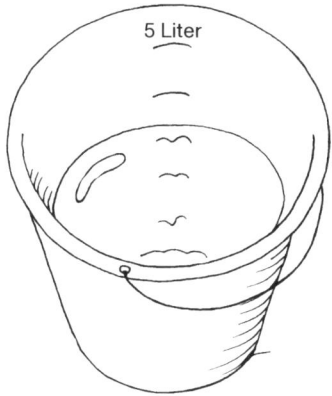

 Fülle einen 5-Liter-Eimer mit Wasser. Trage ihn einmal über den Schulhof.

Wie lange hast du dafür gebraucht? _____

Wie viel Wasser ist dabei verloren gegangen? _____

Wir verbrauchen in Deutschland durchschnittlich 125 Liter Wasser pro Tag und Person.

 Wie oft müsstest du mit dem 5-Liter-Eimer zum Brunnen laufen, um deinen Tagesbedarf an Wasser zu decken? Rechne aus.

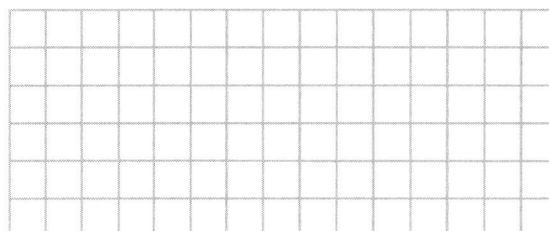

☐ l : ☐ l = ☐

Antwort: _____

 Wie oft müsstest du gehen, wenn du eine fünfköpfige Familie versorgen müsstest?

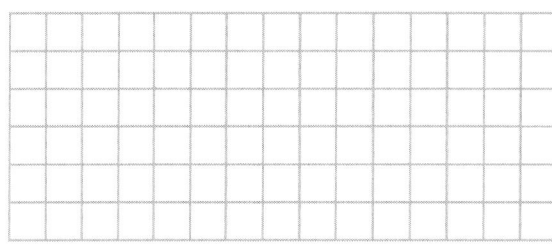

☐ · ☐ = ☐

Antwort: _____

Name:

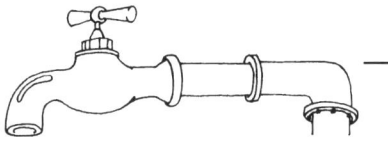

Wasser sparen

Sauberes Trinkwasser ist kostbar. Deshalb solltest du sparsam damit umgehen.

💧 **Wie kannst du Wasser einsparen? Kreise die Bilder ein:**
mit Rot, wo Wasser verschwendet wird, mit Grün, wo Wasser gespart wird.

💧 **Schreibe die passende Regel neben die Bilder.**

  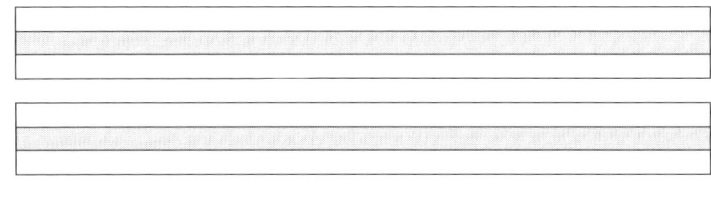

💧 **Überlege mit einem Partner: Wie könnt ihr noch Wasser sparen? Schreibt zwei weitere Beispiele auf.**

Zu Hause	In der Schule

Name:

Brauchwasser verwenden

In einer Tonne kannst du Regenwasser sammeln. Dieses Wasser nennt man Brauchwasser. Wenn du Brauchwasser gezielt verwendest, sparst du wertvolles Trinkwasser.

💧 **Wofür kannst du Brauchwasser im Haushalt verwenden, um Trinkwasser zu sparen? Kreuze an.**

💧 **Wofür kann man Brauchwasser noch verwenden? Schreibe auf.**

1.
2.
3.

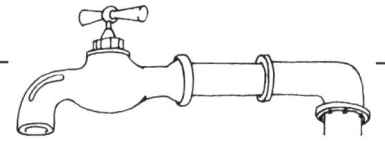

Wasserschutzgebiete

Wasser-Schutzgebiet

💧 **Wie sieht das Zeichen für ein Wasserschutzgebiet aus? Male es in den richtigen Farben an.**

💧 **Was bedeutet es? Sprecht darüber.**

💧 **Nummeriere die Texte passend zu den Zahlen im Bild unten.**

○ In Hochbehältern wird Trinkwasser gespeichert und an die Haushalte weitergegeben.

○ Die Umgebung eines Trinkwasserbrunnens ist eingezäunt, damit sie niemand verschmutzt. Diese Zone bezeichnet man als den absoluten Schutzkreis.

○ Die weitere Umgebung eines Trinkwasserbrunnens ist frei zugänglich. Aber es ist keine Bebauung erlaubt. Dieses Gebiet bezeichnet man als engere Schutzzone.

○ Ein Wasserschutzgebiet umfasst das gesamte Wassereinzugsgebiet. Wasserschutzgebiete können unterschiedlich groß sein.

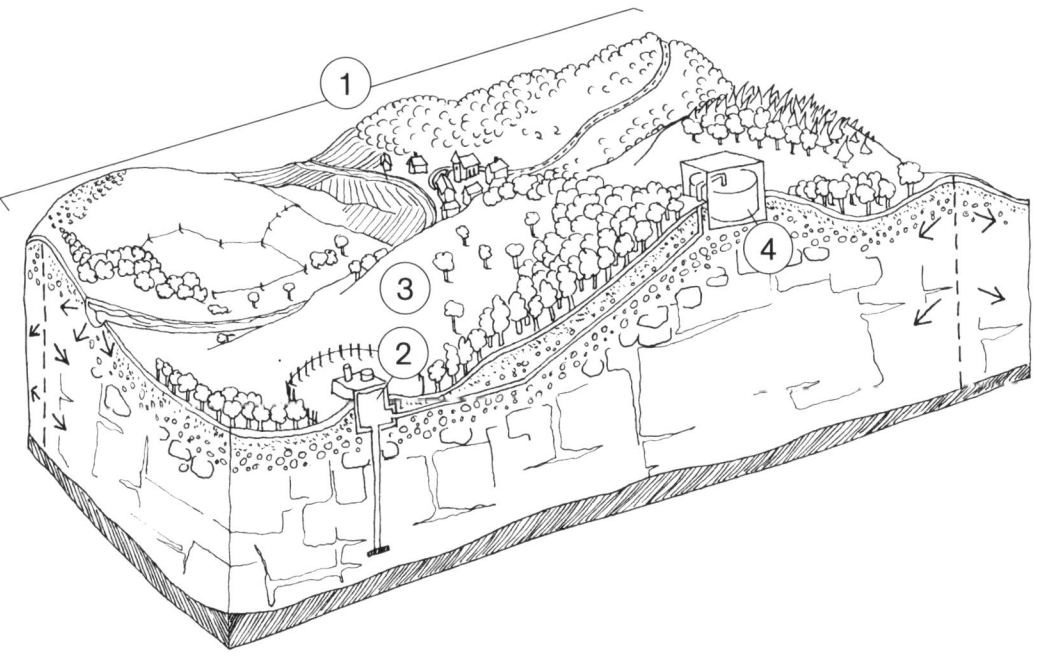

Name:

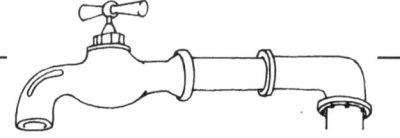

Der große Wassertest

Ihr braucht:
- vier verschiedene Wasserproben in verschließbaren, durchsichtigen Behältern (z. B. Plastikflaschen)
- ein Gazetuch

So wird's gemacht:

1. Bildet Vierergruppen.
2. Schreibt auf den Behälter, woher das Wasser stammt (z. B. Leitungswasser) und nummeriert sie von 1 bis 4 durch.

💧 **Riecht nacheinander an euren Wasserproben und notiert das Ergebnis. Vergebt anschließend Noten von 1 bis 4 für den Geruch des Wassers.**

	Wasser 1	Wasser 2	Wasser 3	Wasser 4	1 = sehr gut
Note Geruch					2 = gut
					3 = mittel
					4 = schlecht

3. Schüttelt die Behälter.

💧 **Gibt es Unterschiede im Aussehen? Vergleicht und gebt Noten von 1 bis 4.**

	Wasser 1	Wasser 2	Wasser 3	Wasser 4	1 = sehr klar
Note Aussehen					2 = klar
					3 = trüb
					4 = sehr trüb

4. Filtert die Wasserproben nacheinander durch das Gazetuch.

💧 **Was bleibt in dem Tuch hängen? Beschreibt eure Beobachtungen und vergebt Noten von 1 bis 4 für die Reinheit des Wassers.**

	Wasser 1	Wasser 2	Wasser 3	Wasser 4	1 = sehr sauber
Note Sauberkeit					2 = sauber
					3 = leicht verschmutzt
					4 = stark verschmutzt

Testsieger ist: Wasser _____

Name:

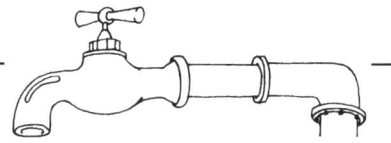

Gesunde und ungesunde Getränke

Kinder sollten zwei Liter Flüssigkeit am Tag zu sich nehmen, davon mindestens einen Liter in Form von Getränken. Weißt du, welche Getränke gut für dich sind?

💧 **Richtig oder falsch? Kreuze an.**

	richtig	falsch
Zu viel Zucker ist schlecht für die Zähne und macht dick.	☐	☐
Naturtrüber Apfelsaft enthält mehr Zucker als Cola.	☐	☐
Kaffee und Cola enthalten den aufputschenden Stoff Koffein.	☐	☐
Milch enthält viel Calcium. Das ist schädlich für die Knochen.	☐	☐
Alkohol entzieht dem Körper Flüssigkeit und Mineralstoffe.	☐	☐
Mineralwasser enthält lebensnotwendige Mineralstoffe.	☐	☐

💧 **Gesund oder ungesund? Ordne die folgenden Getränke in die Tabelle ein.**

Mineralwasser   Pfefferminztee   Leitungswasser   Cola   Eistee   Zitronenlimonade   Bier   Milch   naturtrüber Apfelsaft   Kaffee

gesund	ungesund

💧 **Warum sind manche dieser Getränke ungesund? Begründe mithilfe der Aussagen oben.**

_____
_____
_____

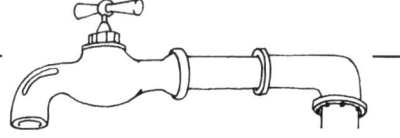

Name:

Zu Besuch im Klärwerk (1)

 Lies den Text. Unterstreiche folgende Informationen mit unterschiedlichen Farben:

Rot: Wie heißen die unterschiedlichen Reinigungsanlagen eines Klärwerks?
Blau: Welche Schmutzstoffe werden in den Reinigungsanlagen entfernt?
Grün: Mit welchen Mitteln / Maschinen werden die Schmutzstoffe entfernt?

Das Abwasser fließt durch Rohre zur Kläranlage. Hier wird es gereinigt, bevor es wieder in den Wasserkreislauf zurückgeführt wird.

In der Rechenanlage entfernt ein Rechen grobe Schmutzteile, wie z. B. Papier, Plastik und Holz, aus dem Abwasser. Das Wasser fließt dann langsam durch den Sandfang. Hier setzen sich Stoffe wie Sand und Kies am Boden ab.

Dann geht es weiter zum Vorklärbecken. Dort ruht das Wasser rund zwei Stunden lang. Feinere Schmutzteilchen sinken in dieser Zeit zu Boden. Auch Öle und Fette werden von der Wasseroberfläche entfernt. Der dabei entstehende Schlamm wird abgesaugt und mit einer Pumpe in den sogenannten Faulturm gepumpt.

Im Belebungsbecken wird das Wasser mit Bakterien und Kleinstlebewesen versetzt, die winzige Schmutzreste in Klärschlamm verwandeln. Dazu benötigen sie Sauerstoff, der ständig hinzugefügt wird. Außerdem wird das Wasser umgewälzt.

Im Nachklärbecken setzt sich dieser Klärschlamm, der auch Faulschlamm genannt wird, ab. Ein kleiner Teil wird zurück ins Belebungsbecken geleitet, wo die Bakterien und Kleinstlebewesen wieder zum Abbau der Schmutzteilchen beitragen. Der Rest des Faulschlamms wird in den Faulturm gepumpt.

Anschließend wird die Wasserqualität getestet: Ist das Wasser sauber, wird es wieder in ein Gewässer, z. B. einen Fluss, zurückgeführt. Enthält es noch giftige Stoffe wie Phosphate oder Schwermetalle, findet im Flockungsbecken eine weitere Reinigung statt. Hier werden chemische Stoffe zugeführt, die die Giftstoffe binden.

Im Faulturm wird der Schlamm aus dem Vor- und Nachklärbecken getrocknet. Die dabei entstehenden Faulgase werden z. B. für Heizanlagen weiterverwertet.

Name:

Zu Besuch im Klärwerk (2)

💧 **Wie heißen die verschiedenen Reinigungsanlagen eines Klärwerks? Schreibe in die Kästen.**

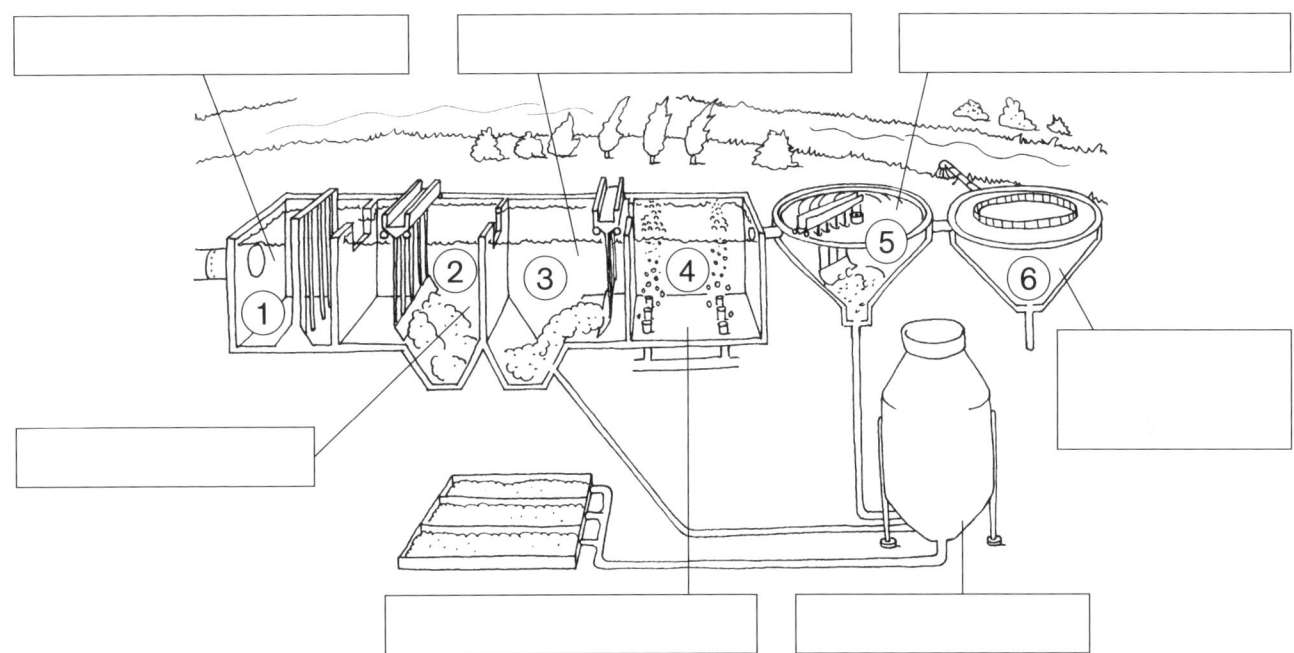

💧 **Von welchen Stoffen wird das Wasser in den einzelnen Abschnitten gereinigt? Sieh dir das Bild an und schreibe auf.**

① Papier, Holz, Äste

② _____

③ _____

④ _____

⑤ _____

⑥ _____

💧 **Im Klärwerk wird mit unterschiedlichen Mitteln gereinigt. Beantworte die Fragen und schreibe auf.**

1. Welche Reinigungsanlagen zählen zur mechanischen Reinigung?

   die Rechenanlage, _____

2. Welche Reinigungsanlagen zählen zur biologischen Reinigung?

   _____

3. Welche Reinigungsanlage zählt zur chemischen Reinigung?

   _____

Klär-Domino

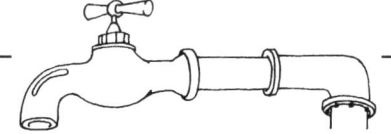

Schneide die Domino-Karten aus und bringe sie in die richtige Reihenfolge.

Start	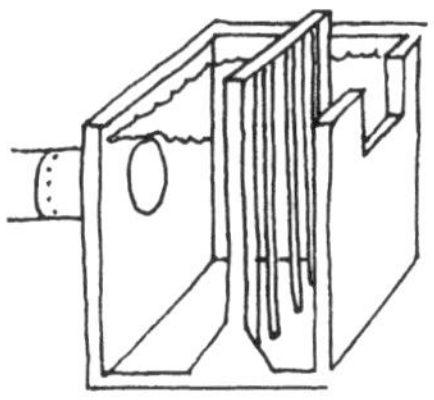 Rechenanlage	Der Schlamm aus Kleinstlebewesen und Schmutz setzt sich am Boden ab.	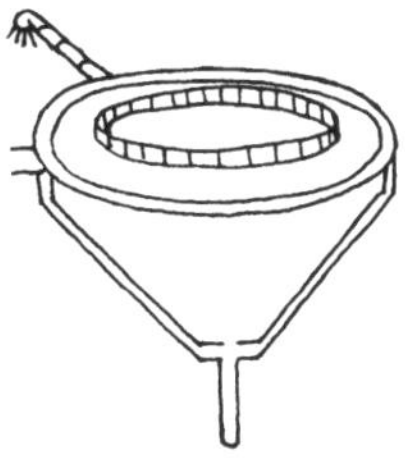 Flockungsbecken
Kleinere Schmutzteile sinken nach unten. Öle und Fette setzen sich an der Oberfläche ab und werden abgesaugt.	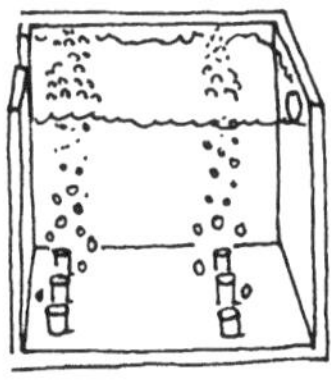 Belebungsbecken	Größere Schmutzstoffe wie Papier, Äste oder Holz werden mit einem Rechen zurückgehalten.	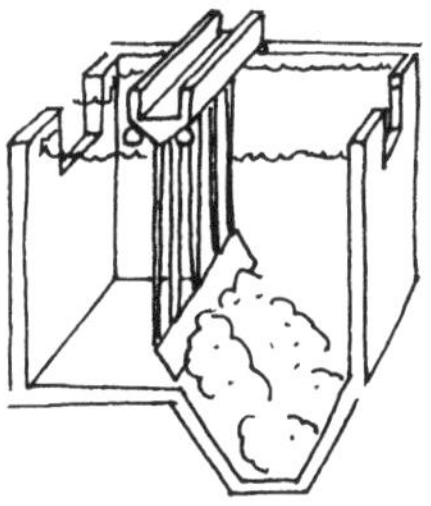 Sandfang
In langen Rinnen setzen sich Sand, Kies und kleine Steine ab.	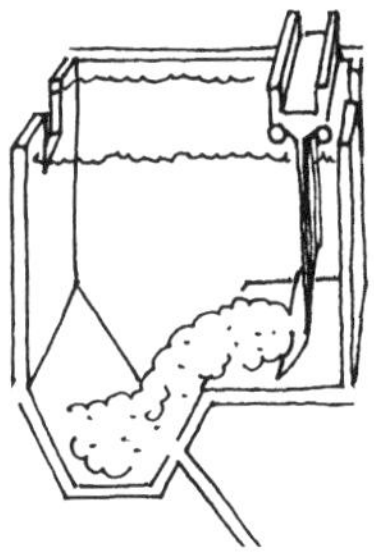 Vorklärbecken	Kleinstlebewesen und Bakterien fressen winzige Schmutzreste auf. Dabei entsteht Klärschlamm.	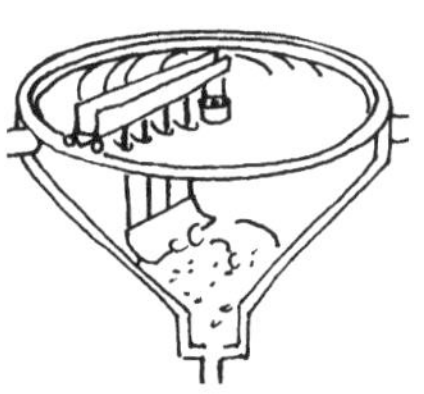 Nachklärbecken
Schwermetalle und chemische Stoffe werden durch Zugabe von Chemikalien entfernt.	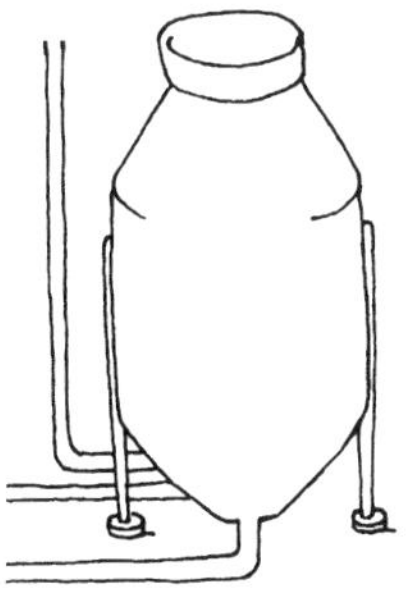 Faulturm	Hier wird der Klärschlamm gesammelt und getrocknet.	Ende

Name:

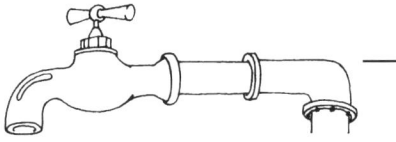

Eine Reise durchs Klärwerk

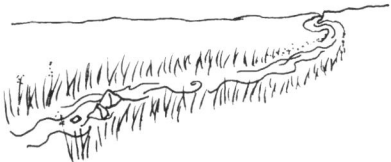

Welchen Weg geht ein Wassertropfen vom Wasserhahn durchs Klärwerk zurück in den Fluss?

💧 **Schneide die Bilder unten aus und klebe sie in der richtigen Reihenfolge in die Rahmen.**

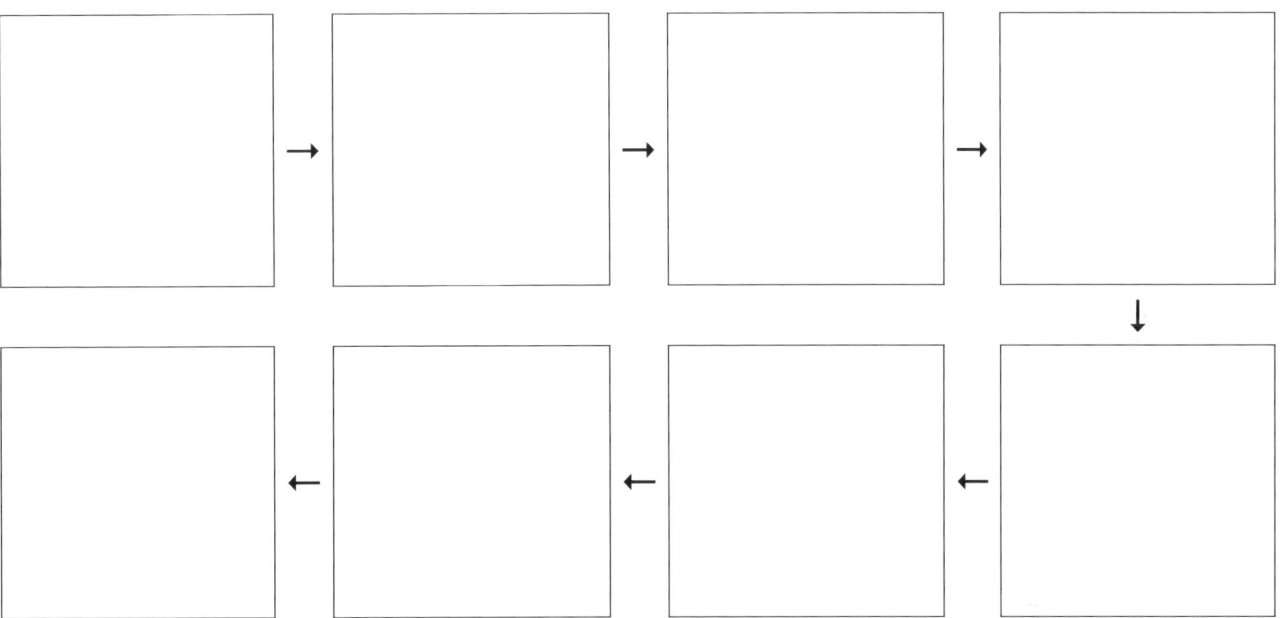

💧 **Wenn du die richtige Reihenfolge gefunden hast, ergibt sich aus den Buchstaben ein Lösungswort. Trage es ein.**

Lösungswort:

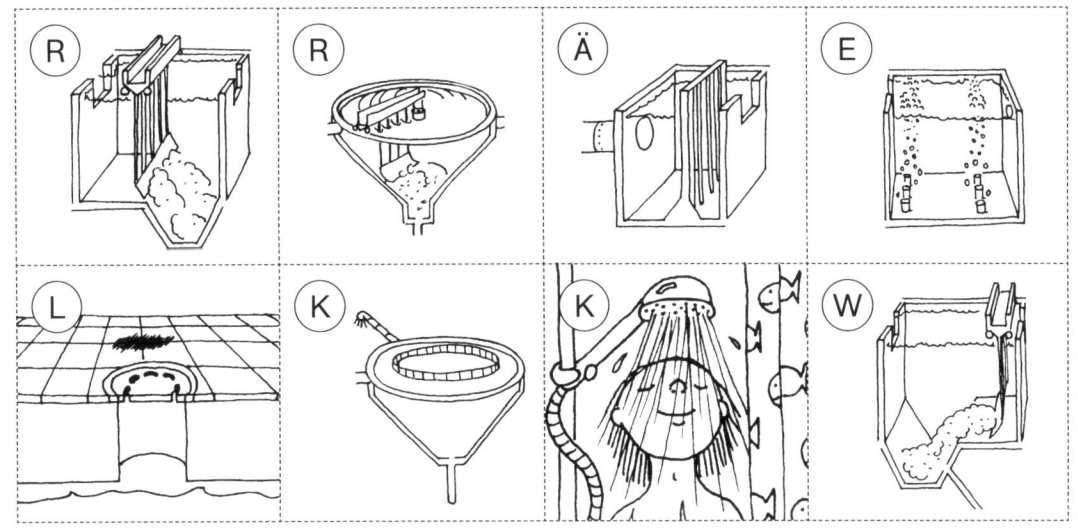

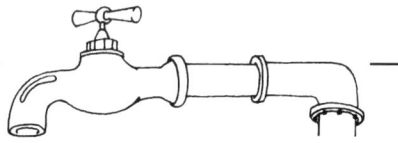

Name:

Wasser verschmutzen

Du brauchst:
- fünf Marmeladengläser mit Deckel
- Wasser
- Zusätze: Erde, Salatöl, Zucker, Mehl und Wasserfarben
- einen Esslöffel

So wird's gemacht:

1. Fülle die Marmeladengläser halb voll mit Wasser.
2. Gib in jedes Glas zwei Esslöffel der verschiedenen Zusätze. Die Wasserfarben musst du dafür zuvor mit etwas Wasser in einem Extraglas vermischen. Beschrifte die Gläser entsprechend.
3. Schraube jedes Glas zu, schüttle es kräftig und stelle es für eine halbe Stunde auf die Fensterbank.

💧 **Wie sieht das Wasser in den einzelnen Gläsern aus? Zeichne.**

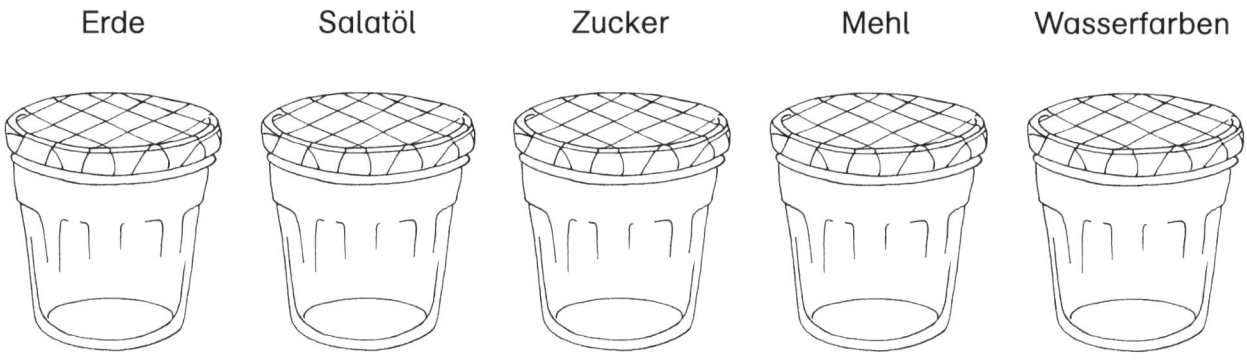

💧 **Beantworte die folgenden Fragen:**

1. Welcher Zusatz vermischt sich mit dem Wasser?

_____

2. Welcher Zusatz setzt sich am Boden ab?

_____

3. Welcher Zusatz schwimmt auf dem Wasser?

_____

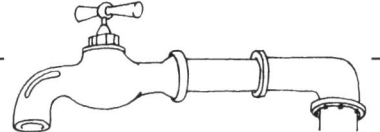

Wasser reinigen

In der Kläranlage wird Wasser gereinigt. Die folgenden Versuche zeigen dir wie.

Du brauchst:
- zwei kleine Schüsseln
- Wasser
- kleine Plastikstreifen (z.B. von einer Plastiktüte), Blätter, Watte und kleine Holzstückchen
- ein feines Drahtnetz (etwas größerer Durchmesser als die Schüsseln)

So wird's gemacht:
1. Fülle die eine Schüssel halb voll mit Wasser. Stelle dann „Abwasser" her, indem du die Plastikstreifen, die Blätter, die Watte und die Holzstückchen hinzugibst.
2. Lege das Drahtnetz über die leere Schüssel.
3. Fülle das „Abwasser" aus der ersten Schüssel durch das Drahtnetz in die leere Schüssel um.
4. Beobachte und schreibe auf, was passiert.

Du brauchst:
- ein Marmeladenglas mit Deckel
- Wasser
- etwas Sand, Erde und Kies

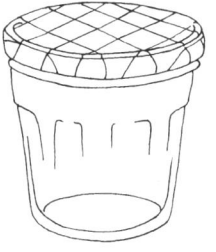

So wird's gemacht:
1. Fülle das Marmeladenglas halb voll mit Wasser.
2. Füge Sand, Erde und Kies hinzu.
3. Verschließe das Glas. Schüttle es kräftig.
4. Beobachte und schreibe auf, was passiert.

Du brauchst:
- eine kleine Schüssel
- Wasser
- etwas Salatöl
- einen Esslöffel

So wird's gemacht:
1. Fülle die Schüssel mit Wasser.
2. Gieße etwas Salatöl dazu.
3. Verrühre Wasser und Öl mit dem Esslöffel.
4. Beobachte und schreibe auf, was passiert.

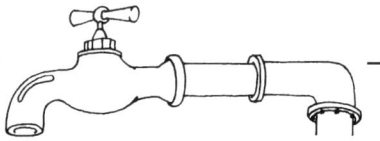

Name:

Gewässer schützen

Es gibt viele Möglichkeiten, um das Wasser in Flüssen und Seen sauber zu halten.

 Welches Bild passt zu welchem Text? Verbinde.

Flüsse werden ihrem natürlichen Lauf überlassen. So können sich Kleinstlebewesen und Wasserpflanzen ansiedeln. Sie halten das Wasser sauber.

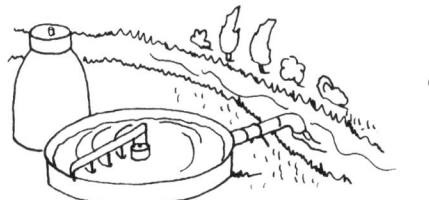

Fabriken benutzen besondere Filter, damit keine giftigen Stoffe ins Wasser gelangen.

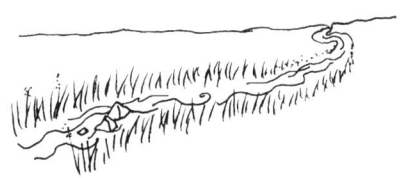

Flussläufe können durch Steine, Felsvorsprünge und Wehre unterbrochen werden. Das Wasser fließt dort hinunter und nimmt dabei Sauerstoff aus der Luft auf.

Kläranlagen befreien die Abwässer von Schmutzstoffen. Nur gereinigtes Wasser wird wieder in die Flüsse und Seen geleitet.

Name:

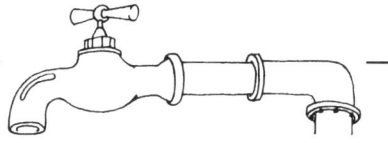

Was weißt du übers Wasser?

💧 **Stimmen diese Aussagen? Kreuze an: richtig oder falsch?**

	richtig	falsch
1. Bei der Stromherstellung wird Wasser verbraucht.	☐ Q	☐ C
2. Ein Mensch kann länger als vier Tage ohne Wasser überleben.	☐ h	☐ u
3. In Chile, Südamerika, trinken die Menschen Wasser, das sie aus Nebel gewinnen.	☐ a	☐ i
4. Unser Körper verliert Wasser, wenn wir atmen.	☐ l	☐ m
5. In Deutschland verbraucht jeder Mensch täglich ca. 125 Liter Wasser.	☐ l	☐ k
6. Für die Toilettenspülung braucht jeder Mensch in Deutschland täglich 10 Liter Wasser.	☐ o	☐ e
7. Ein Kamel speichert Wasser in seinen Höckern.	☐ g	☐ n
8. Im Klärwerk wird der Schmutz im Wasser von kleinen Lebewesen aufgefressen.	☐ 9	☐ 1
9. Im Klärwerk wird das Wasser sauberer als in einem Sumpfgebiet.	☐ 3	☐ 9
10. Auf dem Berg Waialeale auf Hawaii regnet es fast jeden Tag.	☐ a	☐ e
11. Grundwasser kannst du gefahrlos trinken.	☐ i	☐ u
12. Chemische Dünger können auf Feldern bedenkenlos eingesetzt werden.	☐ f	☐ s

💧 **Schreibe die angekreuzten Buchstaben und Zahlen in die Lücken und du erhältst den Lösungssatz.**

__ __ __ __ __ __ __ __ __ bestehen zu __ __ % __ __ __ Wasser!

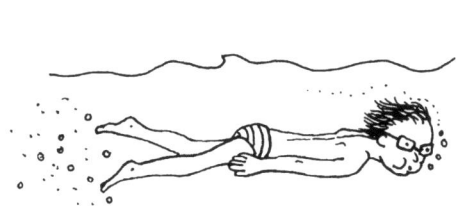

6. Kapitel: Wassermusik

Vorbemerkung

In diesem Kapitel erfahren die Kinder, dass das flüssige Element neben seiner nützlichen und existenziellen Bedeutung auch eine klingende Seite haben kann. Spielerisch und musikalisch setzen sich die Schüler mit einigen Volksliedern auseinander, in denen es um Wasser geht. Begleitinstrumente können sie selbst herstellen. Auch hier werden die Töne und Melodien selbstverständlich mithilfe von Wasser erzeugt.

Lehrplanbezug

Musik
- Texte mit Musik untermalen
- Mit ungewöhnlichen Materialien Musik erzeugen
- Spielerisch Musik und Text erkunden
- Rhythmus üben
- Musik erfinden

Deutsch
- Sich Reime ausdenken
- Mit Wörtern spielen
- Texte verstehen

Englisch
- Natürlicher Spracherwerb durch Gesang
- Sprachliche Vielfalt entdecken

Sport
- Sich zur Musik bewegen

Zu den Kopiervorlagen

 Heut ist ein Fest bei den Fröschen am See
KV Seite 104

Singen Sie das Lied zunächst mit allen Schülern gemeinsam, bis sie die Melodie beherrschen. Teilen Sie dann die Klasse in drei Gruppen ein und lassen Sie das Lied mit versetzten Einsätzen als dreistimmigen Kanon singen. Der Gesang kann durch ein Klavier, Klangschalen oder selbst hergestellte Wassermusikinstrumente (siehe KV Seite 109) verstärkt und begleitet werden.

Anschließend können die Schüler weitere Strophen hinzudichten, indem sie die Frösche durch andere bekannte Wassertiere ersetzen und die dazu passenden Laute einfügen, z. B. „Heut ist ein Fest bei den Fischen im See, (…) Blubb, blubb, blubb, blubb".

 Jetzt fahrn wir übern See
KV Seite 105

Dieses Lied prägt sich leicht ein, da jede Strophe aus zwei zu wiederholenden Teilen besteht. Das letzte Wort in jedem Strophenteil (in der ersten Strophe „See" und „dran") wird zunächst weggelassen und erst bei der Wiederholung mitgesungen.

Die Schüler müssen sich konzentrieren, um nicht aus Versehen an dieser Stelle einen Fehler zu machen. Es ist für alle ein Spaß, wenn jemand mal nicht aufpasst.

Sie können die Kinder auch Bewegungen zu den Strophen ausführen lassen, z. B.:
1. Strophe: mit beiden Händen rudern,
2. Strophe: mit beiden Händen die aufgehende Sonne in Form eines Halbkreises darstellen,
3. Strophe: beide Hände hintereinander wie ein Horn leicht gebogen vor den Mund halten,
4. Strophe: eine Faust wie ein Mikrofon vor den Mund halten.

 Wenn alle Brünnlein fließen
KV Seite 106

Da die Sprache des Liedes etwas altertümlich ist, empfiehlt es sich, vorab mit den Schülern über den Inhalt zu sprechen. Vor allem der Zusammenhang des einleitenden Bildes „Wenn alle Brünnlein fließen, so muss man trinken" mit dem Rest des Liedes wird den Kindern sicherlich nicht auf Anhieb einleuchten. Sprechen Sie darüber, was diese allgemeine Aussage mit der Verliebtheit

des Sprechers zu tun hat. (Auf der KV „Der Sprung ins kalte Wasser" auf Seite 16 finden Sie weitere Redewendungen zum Thema Wasser.)

Es klappert die Mühle
KV Seite 107

Das Klappern der Mühle lässt sich leicht imitieren und in das Lied einbauen, indem die Kinder bei „klipp" in die Hände und bei „klapp" auf die Oberschenkel klatschen.

Sobald die Schüler den Text sicher beherrschen, zeichnen sie den Tonverlauf in der Luft nach: Mit den Fingern zeigen sie an, ob die Melodie steigt oder fällt. So führen Sie Ihre Klasse spielerisch an Töne und Tonfolgen heran und schulen das Gehör.

Im Zusammenhang mit dem Lied bietet sich ein Gespräch über die Nutzung von Wasserkraft früher und heute an (siehe Infokasten unten).

Was macht der Fuhrmann?
KV Seite 108

Dieses Lied eignet sich für eine szenische Umsetzung mit verteilten Rollen. Es gibt dabei zwei Hauptakteure: den Fuhrmann und den Fährmann. Jeder der beiden singt nur seinen Strophentext, der in wörtlicher Rede geschrieben steht. Die anderen Kinder übernehmen im Chor den restlichen Liedtext. Der Refrain kann von der ganzen Klasse gemeinsam gesungen werden. Suchen Sie mit den Schülern nach passenden Requisiten und führen Sie das Stück in der Schule auf.

Wasser macht Musik
KV Seite 109

Auf dieser Kopiervorlage finden Sie drei verschiedene Vorschläge, wie man mit Wasser Musik machen kann. Diese „Wasserinstrumente" lassen sich jederzeit mit weiteren Geräuschen kombinieren, die durch Wasser zustande kommen. Sammeln Sie gemeinsam mit den Schülern Beispiele an der Tafel, z. B. „quietschende Gummisohlen auf nassem Boden". Lassen Sie die Kinder gegebenenfalls zu Hause oder in der Schule auf die Suche nach diesen „Wassergeräuschen" gehen und mit einem Kassettenrekorder aufnehmen. Gestalten Sie mit Ihrer Klasse ein eigenes Wassermusikstück.

Die Kraft des Wassers

Der Mensch nutzt schon seit Jahrtausenden die Strömungsenergie von fließendem Wasser und wandelt sie mithilfe geeigneter Maschinen in mechanische Energie um. So soll bereits um 88 v. Chr. in Asien die erste Getreidemühle mit Wasser angetrieben worden sein.

1866 entdeckte Werner von Siemens das „elektrodynamische Prinzip". Wasserräder konnten von da an nicht nur direkt Maschinen antreiben, sondern auch weit entfernt stehende Motoren mit Strom versorgen. Das war die Geburtsstunde des Wasserkraftwerks. Inzwischen werden weltweit fast 19 % des erzeugten Stroms aus Wasserkraft gewonnen. Folgende Wasserkraftwerke sind heute in Gebrauch:

- Das Laufwasserkraftwerk ist von der Funktion her vergleichbar mit einer klassischen Mühle. Wasser durchströmt eine Turbine und treibt durch diese Drehbewegung einen Generator an. Laufwasserkraftwerke sind häufig im Inneren von Staumauern zu finden, da die größere Fallhöhe die Geschwindigkeit des Wassers und damit die entstehende Energie erhöht. Das zufließende Wasser erzeugt kontinuierlich Strom.
- Speicherkraftwerke kommen an Staumauern und -dämmen oder an natürlichen Seen zum Einsatz. Im Speicherkraftwerk wird das Wasser als potenzielle Energie gespeichert und bei Bedarf durch Turbinen geleitet, um Generatoren anzutreiben und Strom zu erzeugen.
- In von Deichen geschützten Meeresbuchten findet man Gezeitenkraftwerke. Die im Deich eingebauten Wasserturbinen werden durch den Gezeitenwechsel (Ebbe und Flut) vom Wasser gedreht und erzeugen dabei elektrischen Strom.
- Beim Wellenkraftwerk wird die kontinuierliche Wellenbewegung dazu genutzt, Energie zu gewinnen. Dieser „Wellenstrom" ist jedoch fast doppelt so teuer wie Strom, der mittels Windkraft erzeugt wird.

Heut ist ein Fest bei den Fröschen am See

Kanon zu drei Stimmen
Text und Melodie: Volksweise

1. Heut ist ein Fest bei den Frö-schen am See,
2. Ball und Kon - zert und ein gro - ßes Di - ner!
3. Quak, quak, quak, quak.

Jetzt fahrn wir übern See

Text: Ernst Anschütz, um 1824
Melodie: Volksweise, 18. Jahrhundert

1. Jetzt fahrn wir ü-bern See, ü-bern See, jetzt fahrn wir ü-bern See
mit ei-ner höl-zern Wur-zel, Wur-zel, Wur-zel, Wur-zel,
mit ei-ner höl-zern Wur-zel, kein Ru-der war nicht dran.

2. |: Und als wir drüber warn, drüber warn und als wir drüber :| warn,
   |: da sangen alle Vöglein, Vöglein, Vöglein, Vöglein,
   da sangen alle Vöglein, der helle Tag brach :| an.

3. |: Ein Jäger blies ins Horn, blies ins Horn, ein Jäger blies ins :| Horn.
   |: Da bliesen alle Jäger, Jäger, Jäger, Jäger,
   da bliesen alle Jäger, ein jeder in sein :| Horn.

4. |: Das Liedlein das ist aus, das ist aus, das Liedlein das ist :| aus.
   |: Und wer das Lied nicht singen kann, singen, singen, singen kann,
   und wer das Lied nicht singen kann, der fängt von vorne :| an.

Materialien für den Unterricht: Sandra Noa, Wasser in der Grundschule © Hase und Igel Verlag, München

Wenn alle Brünnlein fließen

Text und Melodie: Friedrich Silcher (1789 – 1860)

1. Wenn alle Brünnlein fließen, so muss man trinken,
   wenn ich mein Schatz nicht rufen darf, tu ich ihm winken!
   Wenn ich mein Schatz nicht rufen darf, ju, ja,
   rufen darf, tu ich ihm winken.

2. Ja, winken mit den Äugelein und treten auf den Fuß,
   's ist eine in der Stube drin, die meine werden muss.
   's ist eine in der Stube drin, ju, ja,
   Stube drin, die meine werden muss.

3. Warum soll sie's nicht werden, ich hab sie ja so gern.
   Sie hat zwei blaue Äugelein, die leuchten wie zwei Stern.
   Sie hat zwei blaue Äugelein, ju, ja,
   Äugelein, die leuchten wie zwei Stern.

4. Sie hat zwei rote Wängelein, sind röter als der Wein,
   ein solches Mädchen find'st du nicht wohl unterm Sonnenschein.
   Ein solches Mädchen find'st du nicht, ju, ja,
   find'st du nicht wohl unterm Sonnenschein.

Es klappert die Mühle

Text: Ernst Anschütz, um 1824
Melodie: Volksweise, 18. Jahrhundert

1. Es klap-pert die Müh-le am rau-schen-den Bach: klipp, klapp!
Bei Tag und bei Nacht ist der Mül-ler stets wach: klipp, klapp!
Er mah-let uns Korn zu dem kräf-ti-gen Brot
und ha-ben wir die-ses, so hat's kei-ne Not.
Klipp, klapp, klipp, klapp, klipp, klapp!

2. Flink laufen die Räder und drehen den Stein: klipp, klapp!
Und mahlen den Weizen zu Mehl uns so fein: klipp, klapp!
Der Bäcker dann Kuchen und Zwieback draus bäckt,
der immer den Kindern besonders gut schmeckt.
Klipp, klapp, klipp, klapp, klipp, klapp!

3. Wenn reichliche Körner das Ackerfeld trägt: klipp, klapp!
Die Mühle dann flink ihre Räder bewegt: klipp, klapp!
Und schenkt uns der Himmel nur immer das Brot,
so sind wir geborgen und leiden nicht Not.
Klipp, klapp, klipp, klapp, klipp, klapp!

Materialien für den Unterricht: Sandra Noa, Wasser in der Grundschule © Hase und Igel Verlag, München

Was macht der Fuhrmann?

Text und Melodie: Volksweise, seit etwa 1900

1. Was macht der Fuhrmann? Der Fuhrmann spannt den Wagen an,
die Pferde ziehn, die Peitsche knallt, dass laut es durch die Straße hallt.
He, Fuhrmann he, he, he, holla he!

2. Was macht der Fährmann? Der Fährmann legt ans Ufer an
und denkt: „Ich halt nicht lange still, es komme, wer da kommen will."
He, Fährmann he, he, he, holla he!

3. Da kam der Fuhrmann mit seinem großen Wagen an,
der war mit Kisten vollgespickt, dass sich der Fährmann sehr erschrickt.
He, Fährmann he, he, he, holla he!

4. Da sprach der Fährmann: „Ich fahr euch nicht, Gevattersmann,
gebt ihr mir nicht aus jeder Kist' ein Stück von dem, was drinnen ist!"
He, Fährmann he, he, he, holla he!

5. „Ja", sprach der Fuhrmann, und als sie kamen drüben an,
da öffnet er die Kisten g'schwind, da war nichts drin als lauter Wind.
He, Fährmann he, he, he, holla he!

6. Schalt da der Fährmann? O nein, o nein! Er lachte nur:
„Aus jeder Kist' ein Stückchen Wind,
dann fährt mein Schifflein sehr geschwind!"
He, Fährmann he, he, he, holla he!

Wasser macht Musik

Mit diesen drei Wasserinstrumenten kannst du Musik machen.

Du brauchst:
- mehrere gleich große Gläser
- leere Glasflaschen
- Wasser
- einen Löffel

So wird's gemacht:

Wasser-Xylofon

1. Fülle die Gläser mit unterschiedlich viel Wasser.
2. Klopfe mit dem Löffel vorsichtig dagegen und versuche verschiedene Töne zu spielen. Dazu musst du den Wasserstand anpassen.

Wasser-Klangorgel

1. Fülle die Gläser mit unterschiedlich viel Wasser.
2. Bringe die Gläser zum Klingen, indem du mit der angefeuchteten Fingerkuppe über den Rand fährst.

Wasser-Panflöte

1. Fülle die Flaschen mit unterschiedlich viel Wasser.
2. Setze deine Lippen an die Flaschenöffnung und blase darüber hinweg. Je nach Wasserstand entstehen unterschiedliche Töne.

7. Kapitel: Wasserkunst und Wasserspiel

Vorbemerkung

In diesem Kapitel finden Sie verschiedene Anregungen zum spielerischen und gestalterischen Umgang mit dem Element Wasser. Die Kopiervorlagen können unabhängig voneinander zur kreativen Erweiterung vor allem des ersten, zweiten und vierten Kapitels eingesetzt oder für Freiarbeitsstunden genutzt werden.

Lehrplanbezug

Kunst
- Wahrnehmen und Beschreiben der Erscheinungsformen von Wasser
- Wasser als Motiv darstellen
- Mit Wasser malen
- Einfache Falttechniken unter Beachtung fachspezifischer Regeln ausführen
- Mit verschiedenen Materialien gestalten

Sachunterricht
- Mit Wasser spielerisch umgehen
- Stoffe in Wasser lösen

Zu den Kopiervorlagen

Die Farbe des Wassers
KV Seite 112

Sprechen Sie mit den Schülern darüber, welche Farbe das Wasser hat. Hier können die Meinungen auseinandergehen, da die Farbe eines Gewässers von der Lichteinstrahlung abhängt und es dem Betrachter neben blau auch als grün, grau oder braun erscheinen kann. Zeigen Sie als Einstieg in die Thematik verschiedene Bilder (z. B. verschiedene Varianten der „Seerosen" von Monet) und sprechen Sie über die Darstellung von Wasser in der Kunst.

Anschließend können die Schüler selbst verschiedene Blau- und Grüntöne mischen, die sie dann in ihrem eigenen Wasserbild verwenden. Die Kopiervorlage leistet hierfür eine ideale Vorarbeit: Die Primärfarben (Rot, Gelb, Blau) können bereits in den ersten Jahrgangsstufen erprobt werden. Das vollständige Wissen um die Mischfarben und deren Entstehung sowie verschiedene Verfahren zur Farbabstufung (Aufhellen und Abdunkeln) werden in den höheren Jahrgangsstufen ergänzt. Es empfiehlt sich, die Übungen auf großformatigem Zeichenpapier durchführen zu lassen, vor allem um weitere Mischverhältnisse zu testen. Daraus entstehen individuelle Wasserbilder. Zusätzlich kann in Gemeinschaftsarbeit ein längeres Stück Tapetenrolle in unterschiedlichen Wassertönen bemalt werden. Dabei sollte auf fließende Farbübergänge geachtet werden. Auf die Tapetenrolle können auch Wassertiere, z. B. die Origami-Fische (siehe KV Seite 114 / 115), geklebt werden.

Lösung
Aufgabe 2:
Die Farben <u>Rot</u>, <u>Gelb</u> und <u>Blau</u> nennt man Grundfarben. Wenn man die Grundfarben miteinander mischt, entstehen sogenannte <u>Mischfarben</u>.

Ein Wasserbild
KV Seite 112

Kopieren Sie die Vorlage auf DIN A3, damit die Schüler genügend Raum haben, mit der Farbe des Wassers zu experimentieren. Das Bild kann mit Bleistift ergänzt (siehe hierzu viertes Kapitel) und in passenden Farben ausgemalt werden.

Schiffe aus Papier
KV Seite 114/115

Ohne großen Materialaufwand können die Schüler hier selbst Schiffe und Fische aus Papier basteln. Am besten eignet sich buntes Transparentpapier oder Tonpapier von 30 x 30 cm. Ansonsten können die Schüler auch ein DIN-A4-Blatt zu einem Dreieck knicken und den überstehenden Rest abschneiden, sodass sich ein Quadrat von 21 x 21 cm ergibt. Die fertigen Papierfiguren werden

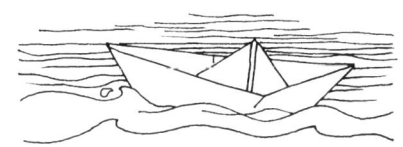

angemalt oder verziert. Gegebenenfalls können die Schüler auch im Lexikon nachschauen, welche verschiedenen Muster Fische haben, und sich an diesen Vorgaben orientieren. Lassen Sie im Anschluss die Kinder in einer Schüssel oder einem Waschbecken testen, ob und wie lange ihre Schiffe über Wasser bleiben. Bastelanleitungen für weitere Origami-Figuren finden Sie unter *http://www.labbe.de* im Internet.

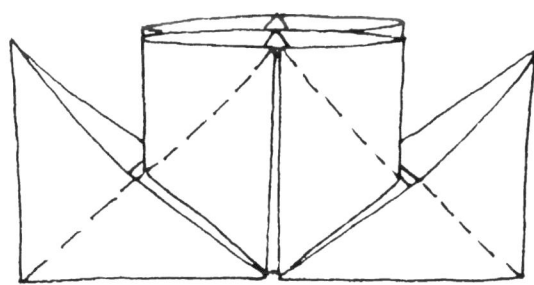

 Kunstwerke aus Salz — KV Seite 116

Mit einer gesättigten Kochsalzlösung malen die Schüler auf schwarze Pappe. Mithilfe eines Föhns wird das Papier getrocknet. Das Wasser verdunstet, zurück bleiben Salzkristalle, die auf dem schwarzen Papier ein interessantes Muster bilden. Weisen Sie die Kinder darauf hin, dass die Salzmenge im Wasser nicht zu gering sein darf, da ansonsten keine Konturen sichtbar werden.

Im Anschluss an die Malarbeit können die Schüler die naturwissenschaftliche Seite ihrer Kunstwerke entdecken: Durch die Lupe vergleichen sie die Struktur der auf der Pappe entstandenen Salzkristalle mit denen aus der Packung. Sie werden feststellen, dass die kristallinen Salzkörnchen auf der Pappe viel kleiner sind als die Salzkörner, die nicht gelöst wurden. Das liegt daran, dass die im Wasser gelösten Kristalle aufgrund des durch das Föhnen beschleunigten Verdunstungsprozesses keine Zeit für die Bildung größerer Kristalle haben.

Wasserspritztier — KV Seite 117/118

Diese Bastelarbeit ist ideal für heiße Sommertage. Das Wasser spritzende Tier kann direkt im Freien zur Erfrischung eingesetzt werden. Die Kinder können ihre Fische individuell gestalten und sich gegebenenfalls weitere Figuren ausdenken.

Stellen Sie gemeinsam mit den Schülern Regeln auf, bevor diese aufeinander „losgehen": Es wird darauf Rücksicht genommen, wenn jemand nicht nass gespritzt werden möchte. Das Spritzen ins Gesicht ist wegen der Verletzungsgefahr zu unterlassen. Machen Sie Ihrer Klasse klar, dass Grenzen anerkannt und akzeptiert werden müssen, damit das Spiel allen Spaß macht. Als weitere motivierende Spielvariante bietet es sich an, leichte Gegenstände von einer Mauer oder einem Tisch zu spritzen.

Eine weitere Möglichkeit, an trockenen Tagen spielerisch und gleichzeitig künstlerisch mit dem Element Wasser umzugehen, bietet das Malen mit Wasser auf dem Schulhof. Um hierfür kein Wasser zu verschwenden, sollte möglichst Brauchwasser, z. B. das Wasser aus einer Regentonne, verwendet werden. Lassen Sie die Schüler von zu Hause verschiedene Gießkannen mit möglichst kleinem Ausgießloch mitbringen. Der Wasserstrahl ermöglicht es den Kindern, Bilder auf das Pflaster zu malen. Dabei werden Konzentration und Vorstellungsvermögen geschult, da man zur Verbesserung eines Fehlers warten muss, bis das Wasser auf dem Asphalt getrocknet ist. Das Bild muss außerdem großflächig angelegt werden, um mit dem ungewöhnlichen „Zeicheninstrument" Gießkanne ein wirkungsvolles Ergebnis erzielen zu können.

 Der verrückte Fisch — KV Seite 119

Die Scheibe ist schnell und leicht hergestellt. Legen Sie Karton, Scheren, einen runden Gegenstand und Fäden bereit. Stifte bringen die Schüler mit. Die selbst gestaltete Drehscheibe wird anschließend zu einem kleinen Experiment genutzt, das erst gelingt, wenn jeder Schüler die richtige Drehgeschwindigkeit gefunden hat: Das menschliche Auge kann maximal 20 verschiedene Bilder pro Sekunde voneinander unterscheiden. Alles darüber verfließt zu einem Gesamtbild. Dreht man die Fäden so schnell, dass das Auge nicht mehr in der Lage ist, die Bilder einzeln wahrzunehmen, überlagern sich die Motive von Vorder- und Rückseite – der Fisch schwimmt im Aquarium. Lassen Sie die Kinder zunächst selbst ausprobieren, wie sie die Aufgabe lösen können, und anschließend einfache Erklärungen finden.

Geheimschrift mit Wasser — KV Seite 120

Lassen Sie die Kinder von zu Hause ein Blatt Briefpapier mitbringen. Die Kopiervorlage mit dem Geheimtext wird sofort nach dem Verfassen des Briefes vernichtet. Ist das Briefpapier getrocknet, verschwindet die durchgedrückte Schrift. Die Kinder wählen einen besonderen Freund aus, der den geheimen Brief lesen darf. Die Botschaft kann entschlüsselt werden, wenn das Papier wieder in Wasser getaucht wird. Die Schüler haben auf diese Weise ihren Brief in einer besonderen Wasserzeichen-Geheimschrift geschrieben.

Greifen Sie anschließend das Thema Wasserzeichen im Unterrichtsgespräch auf: Wo begegnen den Kindern im Alltag Wasserzeichen? Dass diese ein wichtiges Erkennungszeichen für die Echtheit von Geldscheinen sind, wissen die Schüler sicherlich.

Name:

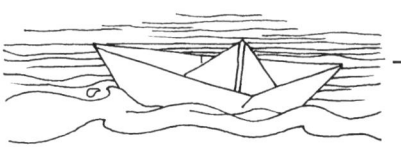

Die Farbe des Wassers

💧 **Stell dir ein Meer, einen Fluss, einen See vor, an dem du schon einmal warst. Welche Farbe hat das Wasser? Sprecht darüber.**

💧 **Ergänze.**

Die Farben _____, _____ und _____ nennt man Grundfarben.

Wenn man die Grundfarben miteinander mischt, entstehen sogenannte

_____.

💧 **Mische die angegebenen Wasserfarben miteinander und teste dabei verschiedene Mischverhältnisse. Fülle die Kreise mit drei unterschiedlichen Farbtönen aus.**

◯ + ◯ =   ◯   ◯   ◯
Blau Gelb   viel Blau + wenig Gelb   wenig Blau + viel Gelb   Probiere selbst.

◯ + ◯ =   ◯   ◯   ◯
Blau Rot   viel Blau + wenig Rot   wenig Blau + viel Rot   Probiere selbst.

◯ + ◯ =   ◯   ◯   ◯
Blau Grün   viel Blau + wenig Grün   wenig Blau + viel Grün   Probiere selbst.

◯ + ◯ =   ◯   ◯   ◯
Blau Weiß   viel Blau + wenig Weiß   wenig Blau + viel Weiß   Probiere selbst.

💧 **Mit welchen Farbtönen lässt sich dein Wasserbild am besten gestalten? Wähle aus und male.**

Name:

Ein Wasserbild

Ergänze das Bild und male es mit Wasserfarben aus.

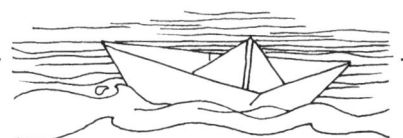

Schiffe aus Papier (1)

Du brauchst:
- farbiges, quadratisch zugeschnittenes Papier
- Filzstifte zum Anmalen und Verzieren

So wird's gemacht:

1. Lege das Papier wie in der Abbildung vor dich hin. Falte die linke Hälfte auf die rechte und öffne das Blatt wieder. Falte dann die obere Hälfte auf die untere und öffne das Blatt wieder.

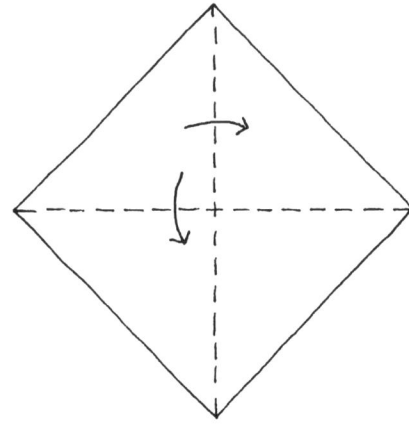

2. Knicke die vier Ecken nach innen, sodass sie sich genau in der Mitte treffen.

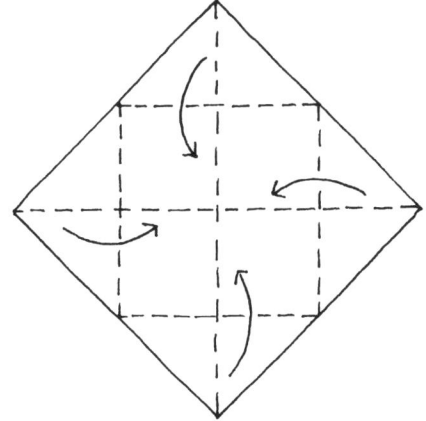

3. Drehe das Blatt Papier auf die andere Seite um. Knicke auch auf dieser Seite die vier Ecken nach innen, sodass sie sich genau in der Mitte treffen.

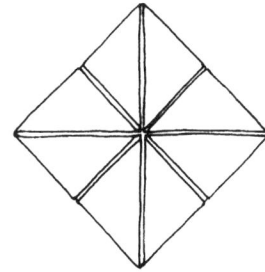

4. Drehe das Blatt Papier noch einmal auf die andere Seite um. Knicke noch einmal die vier Ecken nach innen.

5. Drehe dein Quadrat ein letztes Mal auf die andere Seite um. Es sollte so aussehen wie auf der Abbildung.

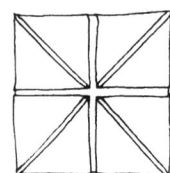

Schiffe aus Papier (2)

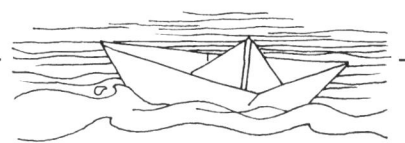

6. Drücke oben links und unten rechts die Klappen auseinander und streiche sie glatt nach außen. Das sind deine Schornsteine.

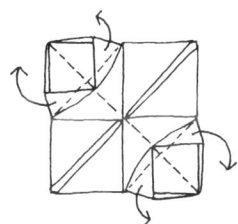

7. Falte den rechten Schornstein auf den linken, sodass sie genau übereinanderliegen. Klappe die beiden Hälften wieder auseinander.

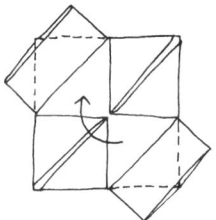

8. Ziehe die beiden verbleibenden Spitzen in der Mitte vorsichtig auseinander, bis sie auseinanderklappen.

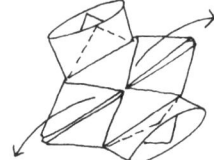

9. Streiche deinen Dampfer glatt und stelle ihn auf. Wenn du möchtest, kannst du ihn mit Mustern verzieren.

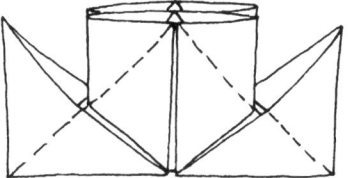

Tipp: Mit wenigen Handgriffen kannst du aus deinem Dampfer auch einen Fisch machen. Bis Punkt 7 gehst du so vor wie bei dem Dampfer. Die beiden „Schornsteine" sind Bauch- und Rückenflosse. Ziehe anschließend die linke der beiden verbleibenden Spitzen auseinander und streiche sie glatt. Das ist deine Schwanzflosse. Die rechte Spitze bildet den Kopf deines Fisches. Male ihm ein Gesicht und verziere die Flossen mit einem Muster.

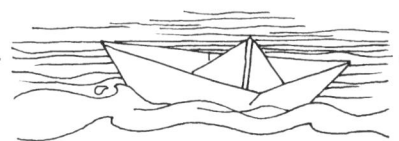

Kunstwerke aus Salz

Du brauchst:
- ein Glas oder einen Becher
- einen Löffel
- einen Pinsel
- schwarze Bastelpappe
- Wasser
- etwas Salz
- einen Föhn

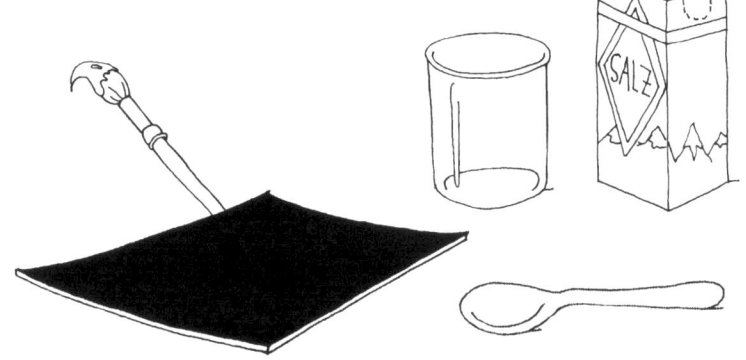

So wird's gemacht:

1. Gib etwas Wasser in das Glas.
2. Füge so viel Salz hinzu, dass nach dem Umrühren noch etwas auf dem Boden des Glases liegen bleibt.
3. Warte, bis das Wasser wieder klar wird.
4. Tauche nun den Pinsel ins Wasser und male etwas auf die schwarze Pappe.
5. Föhne dein Bild, bis das Papier getrocknet ist. Dann ist dein Kunstwerk fertig.

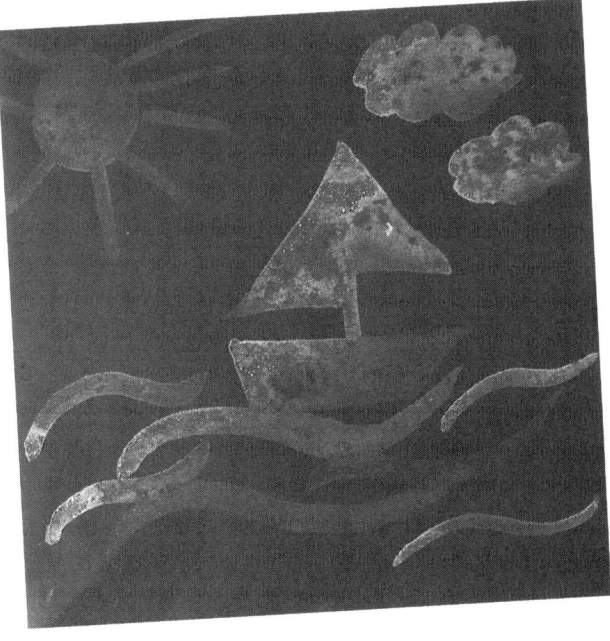

Wasserspritztier (1)

Du brauchst:
- eine Einwegspritze aus Plastik
- Moosgummi (verschiedene Farben)
- Klebstoff
- eine Schere

So wird's gemacht:

1. Schneide den Fischkörper, das Auge und die Schuppe als Schablone aus und zeichne die Umrisse auf das Moosgummi. Die Vorlage für die Schuppen musst du mehrmals benutzen. Verwende möglichst für das Auge und die Schuppen andere Farben als für den Fischkörper.

2. Schneide die einzelnen Teile aus dem Moosgummi aus.

3. Überlege dir, wie du den Fisch am besten hältst, um durch das Loch spritzen zu können. Drehe den Fisch dann auf die andere Seite. Klebe hier das Auge und die Schuppen auf das große Moosgummistück. Dann kann dein „Gegner" dem Fisch ins Auge sehen.

> Den Mund kannst du aufmalen, die Flossen auf andersfarbiges Moosgummi übertragen und nachträglich aufkleben.

4. Bohre mit der Scherenspitze ein kleines Loch als Mund durch das Moosgummi, sodass die Spitze der Spritze hindurchpasst.

5. Befülle die Spritze mit Wasser, stecke sie durch den Mund – und schon kann's losgehen!

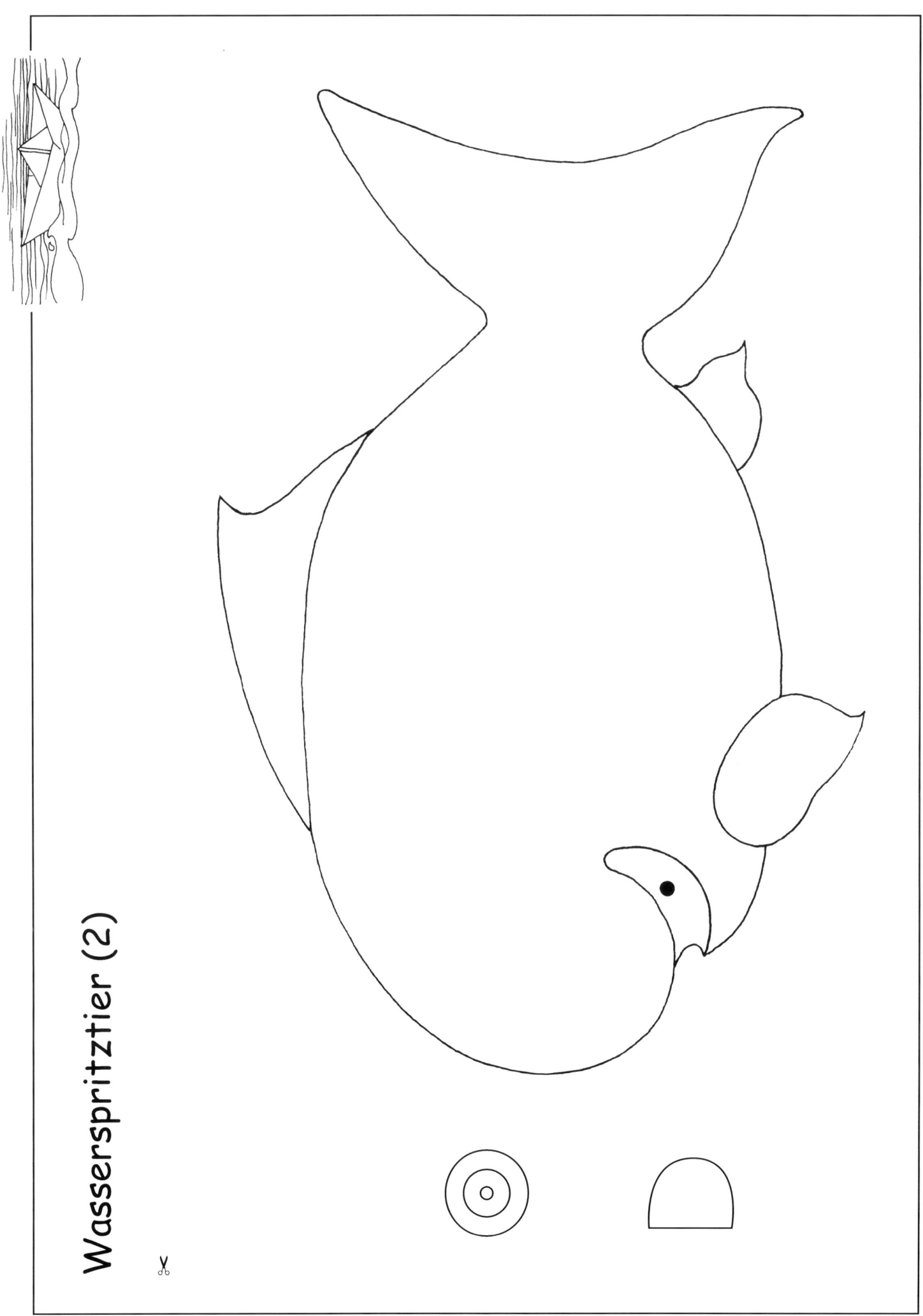

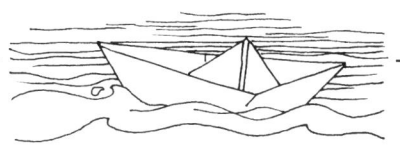

Der verrückte Fisch

Du brauchst:
- einen Becher oder anderen runden Gegenstand
- ein Stück weißen Karton
- eine Schere
- zwei ca. 20 cm lange Bindfäden
- verschiedene Bunt- oder Filzstifte

So wird's gemacht:
1. Stelle den Becher mittig auf dein Stück Karton. Ziehe den Rand mit einem Stift nach, sodass du einen Kreis erhältst.
2. Schneide den Kreis aus.
3. Stich mit der Schere rechts und links am Rand jeweils ein kleines Loch in die Scheibe.
4. Ziehe die beiden Bindfäden durch die Löcher. Lege jeden Faden doppelt und verknote ihn am Ende.
5. Male so auf die Pappe, dass der Kreis möglichst gut ausgefüllt ist: auf die Vorderseite ein leeres Aquarium, auf die Rückseite einen Fisch.
6. Nimm einen Faden in die linke und den anderen in die rechte Hand. Verdrille die beiden Fäden jeweils zwischen Daumen und Zeigefinger.
7. Ziehe die beiden Fäden straff, sodass sich die Scheibe ganz schnell dreht. Gelingt es dir, den Fisch ins Aquarium zu ziehen?

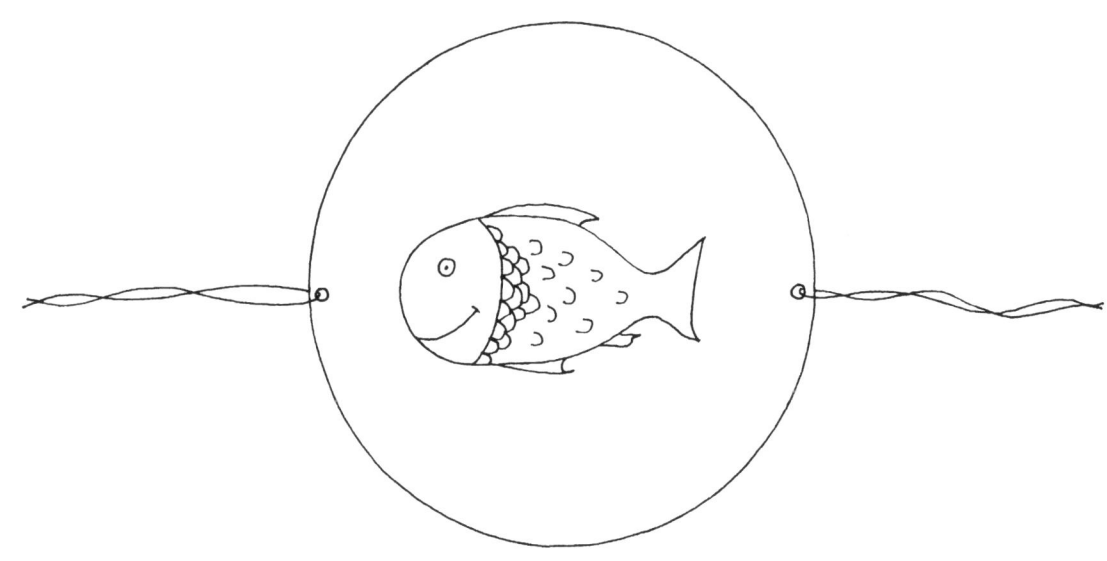

Name:

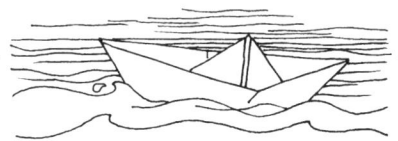

Geheimschrift mit Wasser

💧 **Tauche ein Briefpapier in Wasser und lege es auf eine glatte, feste Unterlage. Drücke die Zeilenvorlage auf das nasse Briefpapier und verfasse mit einem harten Bleistift einen geheimen Brief an einen Freund. Lass das Briefpapier trocknen. Gelingt es deinem Freund, die Botschaft zu entziffern?**